영미소설 해설총서 7

JANE AUSTEN

Pride and Prejudice

오만과 편견

한없이 '작은 나'의 성장서사

오정화 지음

신아사

이 저서는 2007년 정부(교육과학기술부)의 재원으로 한국연구재단의 지원을 받아 수행된 연구입니다(KRF-2007-361-AL0015).

『영미소설 해설총서』를 발간하며

『영미소설 해설총서』가 한국근대영미소설학회에 의해 기획되어 출판이 시작된 지 5년이 흘렀습니다. 한국근대영미소설학회는 대학에서 영미소설을 가르치고 연구하는 교수들의 모임으로써, 그동안 『18세기 영국소설 강의』, 『19세기 영국소설 강의』, 『19세기 미국소설 강의』, 『미국소설사』, 『영국소설사』, 『미국소설 명장면 모음집』, 『영국소설 명장면 모음집』 등 영미소설에 관한 중요한 책들을 출판해 왔습니다.

『영미소설 해설총서』는 한국근대영미소설학회의 일곱 번째 기획 사업입니다. 당시 이 사업을 기획하셨던 김정희 회장님께서는 그 의의를 다음과 같이 머리말에서 쓰고 있습니다.

> 많은 시간을 요구하는 영미소설 읽기가 그 노력에 상응하는 즐거움과 결실을 준다는 믿음을 바탕으로 근대영미소설학회는 그동안 영미소설읽기가 보다 보편화되는 데 앞장서고자 여러 가지 기획물을 출판해왔습니다. 지금까지의 기획물들은 영미소설에 대한 개괄적 지식을 제공하고 영미소설전반에 대한 진지한 관심과 호기심을 끌어내는 일에 초점이 맞춰져 있었다고 볼 수 있습니다. 그러나 이번에 시작한 새 기획물인 『영미소설 해설총서』는 한국 독자가 개별 작품 전권을 독파하려할 때 반드시 필요한 정보와 믿음직한 조언을 제공한다는 취지로 만든 것입니다.

이러한 취지로 시작한 『영미소설 해설총서』가 4권 정도만 출판된 채 그동안 다소 지연되고 있었던 데에는 여러 가지 이유가 있겠으나, 무엇보다 전문분야에 따라 각 권의 출판을 맡으신 교수님들이 완벽한 전문해설서를 내고자 하는 의욕이 크신 한편 강의와 연구로 바쁜 일정 때문에 원고 출고가 미루어지고 있었기 때문이라고 할 수 있습니다.

그러나 영문학을 전공하는 학부생들이나 대학원생들 뿐 아니라 영미소설에 관심을 가지고 영미문학과 문화를 이해하고 인간에 대한 이해를 넓혀가려는 많은 일반 독자들에게 영미의 주옥같은 소설들에 대한 좋은 해설서를 제공하는 것이 얼마나 중요한지를 인식하시는 교수님들의 의욕이 다시 이 해설총서 시리즈를 살아나게 하셨고, 이에 2009년부터 출판을 재개하게 된 점을 매우 기쁘고 감사하게 생각합니다.

『영미소설 해설총서』는 영미의 가장 대표적인 소설들을 선정하여 각 작품에 대한 깊이 있는 이해를 제공할 뿐 아니라 원전으로 읽는 영미소설의 즐거움을 제공하게 될 것입니다. 무엇보다 각 해설서가 그 작품에 대해 전문적인 연구를 해오신 교수님들에 의해 쓰여짐으로써 권위 있는 해설이 주는 책읽기의 즐거움을 제공할 것입니다.

이 총서의 각 권은 작가 소개, 작품의 배경 소개, 작품 본문에 대한 장별 해설 및 주석, 등장인물 소개와 분석, 작품의 언어 및 기교 분석, 토론 주제 및 생각거리 제시, 비평적 접근 소개, 참고문헌 등으로 구성되어 있습니다. 이러한 구성은 영문학 전공자와 일반 독자 모두에게 해당 소설에 대한 이해에 있어서 깊이와 폭을 제공할 것입니다.

다시 출판이 재개된 『영미소설 해설총서』 시리즈가 부디 많은 독자들에게 영미소설을 읽는 즐거움과 보람을 제공하게 될 것을 소망하면서, 기획과 출판에 참여해주신 모든 교수님들께 심심한 감사를 드립니다. 특히 출판이 지연되고 있는 기간에도 인내심을 가지고 기다려주시고 다시 『영미소설 해설총서』의 출판을 맡아주신 신아사에게 특별한 감사를 드립니다.

한국근대영미소설학회장
오 정 화

차 례

영미소설 해설총서 7 『오만과 편견』

I. 작가와 작품 배경 • 7

II. 작품의 플롯과 해설 • 31

III. 등장인물 소개와 분석 • 135

IV. 작품의 구조, 언어, 테크닉 분석 • 147

V. 에세이 주제와 답 • 159

VI. 작품 해석 • 177

VII. 참고문헌 • 201

JANE AUSTEN

Pride and Prejudice

I. 작가와 작품 배경

I. 작가와 작품 배경

Jane Austen

작가의 생애와 시대 배경

제인 오스틴(Jane Austen, 1775-1817)

A. 제인 오스틴Jane Austen의 생애

제인 오스틴은 1775년 12월 16일, 영국 남부 햄프셔Hampshire의 스티븐튼Steventon에서 태어났다. 아버지 조지 오스틴George Austen은 스티븐튼 교구의 목사였는데, 개인 서재에 500권이 넘는 책을 가지고 있을 정도의 수준 있는 학자였다. 어머니 카산드라 리 오스틴Cassandra Leigh Austen은 귀족의 혈통을 가진 집안의 후손으로, 한 때 옥스퍼드 대학교의 교원이었던 목사의 딸이었다. 그녀는 살고 있는 지방에서 일어나는 일들이나 사람들에 대해 시를 쓰기도 한 재능 있는 여성이었다고 한다.

제인 오스틴은 팔남매의 일곱째였는데 위로 오빠 다섯 명과 언니 한 명이 있었고, 아래로 남동생이 있었다. 큰오빠인 제임스James는 옥스퍼드

영국 남부 햄프셔의 스티븐튼에 위치한 제인 오스틴의 생가, 스티븐튼 교구관의 스케치화

대학교에서 학자생활을 하다가 목사가 되었고, 둘째 오빠인 조지George는 정신적인 장애 혹은 육체적인 장애가 있었던 것으로 알려져 있다. 셋째 오빠인 에드워드Edward는 부유한 지주landed gentry였던 토마스 나이트Thomas Knight에게 입양되어 후에 큰 재산을 상속받았다. 넷째 오빠인 헨리Henry는 군인으로 활동하다 은행원으로 일했으며, 나중에는 목사가 되었다. 다섯 번째 오빠인 프란시스Francis와 동생인 찰스Charles는 해군 장교로서 후에 제독까지 되었다. 8남매 중 딸은 두 명이었는데, 제인보다

제인의 남자 형제들. 왼쪽부터 첫째 오빠 제임스, 넷째 오빠 헨리, 다섯째 오빠 프란시스, 동생 찰스

제인의 셋째 오빠인 에드워드가 토마스 나이트 부부에게 입양되는 장면을 그린 그림.

세 살이 많은 언니 카산드라Cassandra와 제인은 평생 절친한 자매였다. 제인은 카산드라에게 수 백 통의 편지를 썼으며, 이 편지 중 사적인 부분들이 카산드라에 의해 파기되긴 하였지만, 오늘날 우리가 제인 오스틴이 생애에 대해 아는 것은 대부분 이 편지들을 통해서이다.

1783년부터 1785년까지 제인은 카산드라와 함께 옥스퍼드Oxford와 사우샘튼Southampton에 있는 학교를 거쳐 리딩Reading에 있는 학교를 다녔다. 1786년 이후에는 집에서 주로 가족들에 의해 교육을 받았는데, 집에 좋은 서재가 있었으므로 교육을 받거나 스스로 공부하기에 좋은 환경이었다고 할 수 있다. 이 시기에 제인은 피아노를 배웠고, 외국어로 불어와 이태리어를 공부했다. 또한 많은 영국문학 작품을 탐독하였다. 특히 18세기 문학을 두루 섭렵하였는데, 존슨 박사Dr Johnson, 1709-84는 물론, 윌리엄 쿠퍼William Cowper, 1731-1800의 시와, 새뮤얼 리차드슨Samuel Richardson, 1689-1761과 헨리 필딩Henry Fielding, 1707-54의 소설은 물론 프랜시스 버니Frances Burney, 1752-1840,

제인이 언니 카산드라와 함께 수학한 리딩에 있는 애비 스쿨(The Abbey School)의 전경

18세기 영국 가정의 모습. 대부분의 여성들은 집에서 읽기와 쓰기, 악기 등 기본적인 교육을 받았다.

앤 래드클리프Ann Radcliffe, 1764-1823, 머라이어 에지워스Maria Edgeworth, 1767-1849 등 여성작가의 소설 역시 읽었다.

사랑과 결혼을 주제로 소설을 쓴 제인이 결혼하지 않은 것에 대해 많은 관심이 있어 왔다. 제인의 삶에 대해서는 정확히 알려져 있는 것이 많지 않고, 주로 그녀가 썼던 편지를 통해 추측되고 있으나, 그녀의 편지들은 가족들에 의해 훼손되거나 편집된 후에 대중에게 전달되었기 때문에 특히 사적인 생활에 대한 것은 정확히 알려져 있지 않다. 최근까지 오스틴 전공자 중 대부분은 그녀가 진지하게 사랑했던 한 사람이 있었으나 약혼도 하기 전에 죽었기 때문에 제인이 평생을 독신으로 살았다고 추측해 왔다. 예를 들면, 메릴린 버틀러Marilyn Butler는 2007년에 출판한 『제인 오스틴』에서 카산드라가 조카들에게 제인이 1800년대 초에 서남부의 한 휴양지에서 휴가를 보내던 때 한 남자를 만났고, 그들은 진지하게 가까워졌으나 그 후 그를 만나지 못했는데, 나중에 알고 보니 이미 죽었다는 이야기를 해주었다고 한다. 버틀러처럼 많은 학자들은, 언니인 카산드라가 약혼자인 톰 파울Tom Fowle이 1797년에 죽자 혼자 살았듯이, 제인도 사랑했던 사람이 죽은 후 혼자 살았던 것으로 생각해 온 것이다.

그러나 존 스펜스Jon Spence는 『제인 오스틴 되기』*Becoming Jane Austen*, 2003에서 제인과 톰 르프로이Tom Lefroy라는 남자와의 관계를 자세히 분석하였다. 버틀러도 제인이 톰 르프로이와 1795년부터 1796년까지 무도회를 가는 등 가까이 지낸 것을 인정하지만 단순한 불장난flirting이었다고 보았다. 그러나 존 스펜스는 제인과 카산드라가 주고받은 편지를 자세히 분석함으로써 톰과의 관계가 단순한 불장난이 아니라 제인으로 하여금 평생 혼자 살게 할 만큼 깊은 사랑이었던 것으로 분석하고 있다. 제인과 톰은 1795년 크리스마스 시즌에 만났는데, 1796년 10월부터 1797년 8월까지 쓰인 『오만과 편견』의 전신인 『첫 인상』*First Impressions*은 톰에 대한 사랑에 빠진 희열과 사랑 받고 있는 기쁨을 표현한 글이라는 것이다. 스펜스에 따르면, 그들이 공식적으로 약혼한 것은 아니었지만 제인은 톰과 약혼한 사이라고 내심 생각하고 있었다고 한다. 그러나 지참금으로 가져갈 수 있는 돈이 없었던 제인은, 톰의 종조부로서 재정적인 후원자였던 벤자민 랭글로즈Benjamin Langlois의 반대에 직면하자 런던으로 법률을 공부하러 떠난 톰이 돌아오기만을 기다려야 했다. 그러나 톰은 결국 마음을 돌리고 말았고, 제인이 이를 알게 되는 시기는 1798년 11월 14일임을 카산드라에게 보낸 편지 중 훼손되지 않고 남아있는 부분을 통해 추론해 내고 있다. 이런 이유로 그녀의 작품에 나오는 남자를 기다리는 여자들, 『맨스필드 파크』*Mansfield Park*에서 에드먼드Edmund를 기다리는 패니Fanny, 『엠마』*Emma*에서 프랭크 처칠Frank Churchill을 기다리는 제인 페어팩스Jane Fairfax, 『설득』*Persuation*에서 웬트워스Wentworth를 기다리는 앤Anne 등을 모두 제인 자신의 삶이 투영된 인물들로 해석한다. 스펜스의 분석은 2007년에 줄리언 재롤드Julian Jarrold 감독의 『제인 되기』*Becoming Jane*로 영화화되어 제인과 톰의 사랑이

최근 제인과의 관계가 재조명 받고 있는 톰 르프로이의 초상화

낭만적으로 재현되는 데 기초가 되었다.

아버지인 오스틴 목사가 1801년 은퇴하게 되면서 제인과 카산드라는 부모와 함께 온천휴양지인 바스Bath로 이사 가게 된다. 제인은 바스로 이사가는 것을 매우 충격적으로 받아들였다고 알려져 있으나, 바스에서의 생활에 대해서는 별로 알려져 있는 것이 없다. 제인이 서남부의 휴양지인 시드머스Sidmouth에 휴양 차 갔다가 사랑에 가까운 감정을 갖게 되었지만 곧 사망한 것으로 알려진 한 남자를 만난 것은 이 때 즈음이다. 다음 해인 1802년에 제인은 고향인 햄프셔를 방문했다가 오랫동안 친구였던 부유한 청년 해리스 빅-위더Harris Bigg-Wither의 청혼을 받고 승낙했지만 다음날 아침 바로 번복하였다. 1805년 아버지가 사망하게 되면서 제인은 어머니와 언니와 함께 사우샘튼으로 이사갔으며 경제적으로 매우 어려운 생활을 하였다. 이 곤경에서 그들을 건져준 것은 에드워드 오빠였다. 부유한 친척에 입양되었던 에드워드는 1809년에 그의 햄프셔 영지의 일부인 초튼Chawton에 제인과 카산드라와 어머니가 살 작은 집을 마련해 주었고, 이 시골집에 정착한 후 제인은 비로소 본격적인 작가의 길을 가게 된다. (죽기 2개월 전까지 제인이 살았던 이 집은 현재 제인 오스틴 박물관이 되었다.)

제인이 작가로서 대부분의 시간을 보낸 초튼 하우스. 지금은 제인 오스틴 박물관으로 사용되고 있다.

제인 오스틴은 열두 살 때인 1787년부터 습작juvenilia을 하기 시작한 것으로 알려져 있는데, 다수의 스케치, 풍자 단막극, 서간체 단편들, 짧은 피카레스크 모험담 등을 썼다. 1790년에는 로맨스 소설에 대한 패러디인 『사랑과 우정』*Love and Friendship*을, 1794년에는 서간체 소설인 『수잔 여사』*Lady Susan*를 썼다.

1796년부터 1798년 사이는 중요한 작품들을 쓴 시기이다. 『오만과 편견』의 원형인 『첫 인상』과, 『지성과 감성』*Sense and Sensibility*의 원형인 『엘리너와 매리앤』*Elinor and Marianne*, 그리고 『노생거 사원』*Northanger Abbey*의 원형인 『수잔』*Susan*이 이 시기에 쓰여졌다. 이 작품들에 대한 출판을 시도한 것은 1803년부터였다. 이 해에 제인은 런던의 출판업자 크로스비Crosby에게 『수잔』의 원고를 10파운드에 팔았다. 그런데 원고를 산 출판사는 이 작품을 출판하지 않았고, 제인은 후에 이 원고를 다시 사들여 수정 보완하였으며, 사후인 1818년 『노생거 사원』이라는 제목으로 출판되게 되었다. 성공적인 첫 출판은 1811년에야 이루어졌는데, 그 작품은 『지성과 감성』이었다. 그리고 그 다음 출판된 소설이 『오만과 편견』으로 1813년에 출판되었다.

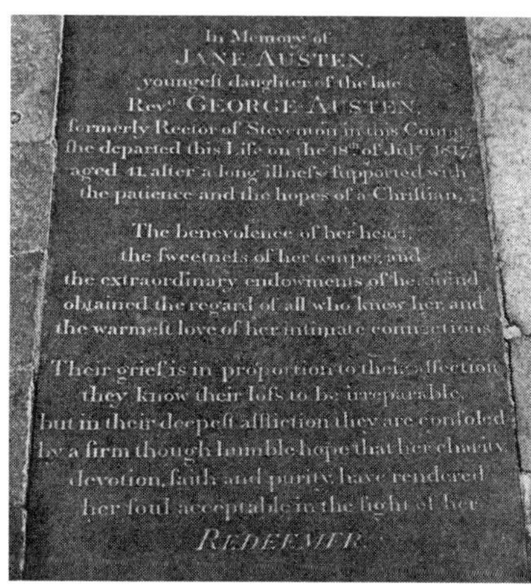

윈체스터 대교회(Winchester Cathedral)에 있는 제인 오스틴의 묘

이상의 세 작품이 오스틴의 전기 작품에 해당된다면, 1814년 이후에 출판된 작품들은 초튼에서 집필된 작품들로 후기 작품에 해당된다고 할 수 있다. 시기적으로 뿐만 아니라 작품의 내용이나 다루는 태도에 있어서 다소 차별성을 보이고 있는 후기 작품들에는

1814년에 출판된 『맨스필드 파크』, 1816년에 출판된 『엠마』, 1817년에 완성되어 제인 오스틴 사후인 1818년에 출판된 『설득』이 있다. 제인 오스틴은 『샌디튼』*Sanditon*이라는 작품을 쓰고 있었으나 완성하지 못한 채, 애디슨씨병으로 1817년 7월 18일 생을 마감하였다.

B. 작품의 시대적, 문학적 배경

제인 오스틴이 살았던 18세기 말에서 19세기 초반은 영국이 사회적, 정치적, 정신적, 지적 격변을 겪던 시대였으며, 끊임없이 프랑스와 전쟁을 하던 시기였다. 처음 프랑스와 적대적인 관계에 놓이게 되었던 1790년대에 영국은 대외적으로 프랑스 혁명군 앞에서 위험한 상태에 놓여있었을 뿐 아니라 대내적으로 프랑스 혁명에 동조하는 사람들을 막기 위해 노력해야 했다. 제인의 오빠 프란시스와 동생 찰스는 프랑스와 싸운 해군이었다. 프란시스는 1798년에 넬슨에 합류하여 나폴레옹을 추격하였으며 후에 프랑스 함대가 영국을 침입하려는 계획을 막는데 일조하였고, 찰스도 전쟁에서 활약이 컸는데, 제인은 이들의 활약을 자세히 알고 있었다. 1815년 웰링턴이 나폴레옹을 무찌르며 마침내 22년간의 전쟁이 끝나면서 영국은 유럽의 최강국이 되지만, 전쟁을 겪으며 심해진 빈부격차로 인해 기계파괴운동Luddism이 일어나는 등 많은 사회적인 갈등을 겪어야 했다. 제인 오스틴은 소설에서 이러한 전쟁이나 사회적 격변을 직접 묘사하거나 재현하지는 않는다. 그러나 그녀가 주로 그리고 있는 여성들의 일상생활에서 드러나는, 이기심이나 공격성에 의하여 위협받는 인간 존재의 어두운 면들은 사회적·정치적 격동을 깊이 있게 암시하고 있다.

종교적인 면에 있어서 영국 국교회 목사의 딸이었던 제인 오스틴은 수수하고 성실하게 영국 국교회의 신앙을 유지했던 것으로 알려져 있다. 영국은 18세기 중반부터 존 웨슬리John Wesley가 주도했던 복음주의 운동이 활발하였는데, 제인 오스틴은 이에 대해 긍정적으로 다룬 적도 있지만 때로는 부정적으로 보기도 하였다. 국교회가 영국 사회에서 맡고 있는 역할이나 누리고 있는 지위에 대하여 기본적으로는 지지하는 입장이면서도, 국교회가 폐쇄성이나 경직성을 가지게 된 것에 대해서는 비판하였다. 그녀의 작품들은 국가적 기구로서의 교회의 역할에 대해서는 근본적으로 인정함으로써 교회가 맡고 있는 세속적 역할을 받아들였던 것을 보여준다. 그러나 작품 속에 등장하는 국교회 목사들이 신성한 기독교적 임무를 제대로 수행하지 못할 때에는 풍자와 비판을 함으로써 교회의 신성한 종교적 사명을 중시함을 보여주고 있다.

프랑스 혁명이 일어나고 그 후에 벌어진 일들이 영국 사회에 커다란 영향을 끼치고 있던 이 시기는 영국이 "사상의 전쟁"을 치르고 있었다고 표현되기도 할 만큼 지적인 격변기이기도 했다. 문학적으로는 워즈워스Wordsworth와 콜리지Coleridge에 의해 주도된 낭만주의 운동이 전통과 예술적 기법을 중시하던 신고전주의 미학을 반대하고, 자연을 예술적 주제로 중요시하면서 즉흥성과 자발성, 개인적인 영감 등을 강조하였다. 또한 정치, 사회적으로는 프랑스 혁명과 영국 내의 정치적·사회적 갈등에 의해 초래된 낭만적 혁명주의 학파와 보수적 반자코뱅파 사이에 논쟁이 있었다. 낭만적 혁명주의자들로는 루소Rousseau학파, 토마스 페인Thomas Paine, 윌리엄 고드윈William Godwin, 메리 울스튼크라프트Mary Wollstonecraft 등을 들 수 있는데, 이들은 인간의 심장과 마음을 믿는 낙관적 인간관을 지지하면서, 인간의 "자연적" 충동을 억제하는 법이나 제도에 반대하였다. 반면에 반자코뱅들은 교육 받지 않은 인간성이 선하다고 보는 관점에 회의적이었기 때문에 개인주의는 전통적이고 외적인 권위에 의해 다스려져야 한다고 보았다. 윌리엄 기퍼드William Gifford, 한나 모어Hanna More,

엘리자베스 해밀튼Elizabeth Hamilton 등이 이런 주장을 펼쳤다.

이처럼 당대 영국 사회에서 커다란 반향을 일으키고 있었던 두 가지 사상에 대하여 제인 오스틴이 아무 반응을 보이지 않았으며, 나아가 "시골 마을의 세, 네 가정(3 or 4 families in a Country Village)"에 관심을 한정짓고 있기 때문에, 일부 연구자들은 제인 오스틴이 자기가 잘 아는 사람들의 관계와 내적인 삶 이외의 것은 무시했다고 평가하기도 한다. 그러나 비록 제인 오스틴이 소설을 통해 공개적인 논쟁을 벌이지는 않았지만, 그녀의 소설은 당시의 사회적, 정치적, 종교적, 지적, 미학적 문제들과 섬세하게 연결되어 있다는 견해가 지배적이다. 여성의 성장의 문제를 『오만과 편견』 해설의 가장 중요한 요소로 보는 본 해설서의 입장은 바로 후자의 입장이다. 당시 격동하는 영국 사회 속에서 살고 있는 여성들이 하나의 인간으로 성장해 가는 데 있어서 정치적, 사회적, 사상적 문제들이 직·간접으로 영향력을 발휘하고 있음을 잘 알고 있었던 오스틴은 이러한 문제들이 여성의 삶에 어떠한 영향력을 발휘하고 있는지를 의식하면서 그에 대한 자신의 반응을 표현하고 있다고 보는 것이다.

소설가로서 제인 오스틴의 가장 중요한 문학사적 업적 중의 하나는 18세기에 시작된 '발생기 소설'을 19세기에 활짝 꽃피는 '근대소설'로 발전시켰다는 점이다. 『소설의 발생』*The Rise of the Novel*, 1957에서 이안 와트Ian Watt는 18세기 영국에서 소설이라는 문학 장르가 발생했을 때 두 가지 중요한 문학 양식이 있었음을 분석하였다. 새뮤얼 리차드슨은 서간체 소설을 씀으로써 인물의 복잡하고 섬세한 내면을 전달하는 기법을 확립하였으며, 헨리 필딩은 권위 있는 전지적 서술자를 사용함으로써 사회의 다양한 문제를 다루고 주제를 효과적으로 전달할 수 있었다. 그러나 리차드슨의 서간체 양식이 인물의 심리적 분석을 넘어 더 큰 문제들을 다루는 데 있어서는 한계가 있을 수밖에 없었으며, 필딩의 서술자는 지나친 간섭으로 작가를 전면에 나타나게 하여 독자들이 인물의 내부에 빠져들지 못하게 하는 단점을 가지고 있었다. 이완 와트는 제인 오스틴이 리차드슨과 필딩의 양식을 긍정적으로 조합함으로써 소설을 크게 발전시켰다고 보았다. 오스틴은 인물들을 사회적 영역에서 중요한 주제와 연결시킬 수 있는 전지적 서술자 시점을 사용하면서도 필딩의 서술자처럼 주제넘게 나서지 않는다. 또한 오스틴의 심리적 서술은 리차드슨의 서간체 소설에 못지않게 주인공들의 섬세하고 복잡한 내적 모습을 섬세하게 그려내고 있다. 이완 와트는 오스틴이 이처럼 과도하게 개입하지 않는 전지적 서술자를 사용함으로써 인물의 삶을 총체적으로 재현해내는 기법을 발전시켰음을 높이 평가하였다.

제인 오스틴의 또 하나의 중요한 업적은 여성 소설가로서의 전통을 수립하는 데 기여했다는 점이다. 일레인 쇼월터Elaine Showalter 같은 여성주의 비평가는 여성문학 전통의 기원을 남성 필명을 사용하여 문학 활동을 시작한 브론테 자매들로부터 잡고 있다. 그들이 남성 필명으로 작품 활동을 한 것을 전문적 작가로서의 의식을 가지고 문학 활동을 했다는 중요한 근거로 보기 때문이다. 사실 제인 오스틴의 첫 소설 『지성과 감성』은 "숙녀A Lady"가 썼다고만 되어 있다. 즉 저자가 여자임을 밝힐 뿐 거의 무명씨로 썼다고 할 수 있을 것이다. 두 번째로 출판된 소설이었던 『오만과 편견』은 "『지성과 감성』의 저자"에 의해 쓰였다고 밝히고 있다. 쇼월터의 기준을 따르면 분명 제인 오스틴은 작가로서의 의식이 없이 글을 썼던 것으로 보일 수 있다. 그러나 그녀의 생애를 자세히 살펴보면 출판을 위해 했던 노력이나 글을 쓰는 태도 등에서 전문적 작가 의식이 강하게 나타나 있음을 볼 수 있다. 『노생거 사원』으로 후에 출판된 『수잔』의 원고를, 출판업자 크로스비가 사놓은 채 출판하지 않자 다시 그 원고를 사들여 출판을 시도했던 점이나, 대중이 받아들이기 쉬울 이야기로 예측되는 『지성과 감성』을 『오만과 편견』 보다 먼저 출판한 점 등은 제인 오스틴이 전문적인 작가로서 출판을 위해 세심한 노력을 기울인 증거들이라고 할 수 있다.

또한 그녀의 소설들은 18세기에 활발한 활동을 벌이던 여성 작가들로부터 많은 영향을 받았다. 소설의 발생기인 18세기에 영국에서는 많은 여성 작가들이 글을 쓰기 시작하였다. 18세기 후반에 영국소설계를 풍미하였던 고딕 로맨스 혹은 고딕 소설의 대표적인 작가는 앤 래드클리프였으며, 프랜시스 버니, 머라이어 에지워스, 샬롯 스미스Charlotte Smith, 엘리자베스 인치벌드Elizabeth Inchbald, 어밀리아 오피Amelia Opie 등은 제인 오스틴과 동시대에 활동한 작가들로 오스틴보다 당대에 더 많은 명예와 부를 누렸던 여성들이었다. 제인 오스틴은 이러한 작가들의 작품을 대부분 읽었을 뿐만 아니라, 이들 여성 작가들을 소중한 문학의 선배 혹은 동료들로 생각하고 있음을 『노생거 사원』에서 표현하고 있다. 이 소설에서 제인 오스틴은 서술자의 목소리를 통해 프랜시스 버니의 『세실리아』*Cecilia*, 1782와 『카밀라』*Camilla*, 그리고 머라이어 에지워스의 『벨린다』*Belinda*, 1801를 "정신의 가장 위대한 힘들이 나타난 작품으로서, 인간성에 대한 가장 철저한 지식과, 인간성의 다양성에 대한 가장 행복한 묘사, 위트와 유머의 가장 생생한 표현이, 최고로 선별된 언어를 통해 세상에 전달된 작품들"이라고 평가하고 있다. 또한 훌륭한 작품을 읽고 있으면서도 소설을 읽고 있는 데 대해 부끄러움을 느끼는 여성독자들을 풍자하고 있다. 18세기 소설의 발생기에 많은 여성작가들이 소설을 썼는데, 이런 사실이 사회적으로 소설이라는 장르 자체를 무시하도록 만들기도 했다. 제인 오스틴은 이러한 풍자를 통해 선배 혹은 동시대 여성작가들의 문학적 우수성을 높이 평가하면서, 그것을 제대로 알아보지 못하는 남성중심 문학 전통을 비판하고 있다.

Pride and Prejudice

작품 소개와 비평 개관

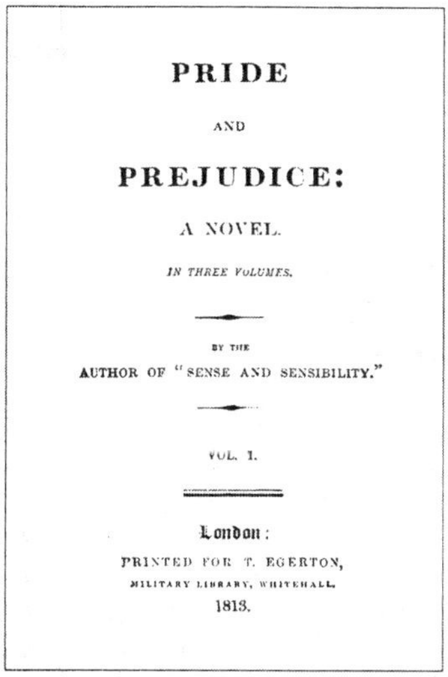
PRIDE

AND

PREJUDICE:

A NOVEL.

IN THREE VOLUMES.

BY THE

AUTHOR OF "SENSE AND SENSIBILITY."

VOL. I.

London:

PRINTED FOR T. EGERTON,

MILITARY LIBRARY, WHITEHALL.

1813.

『오만과 편견』 초판 (1813) 제1권의 표지

A. 작품 소개

제인 오스틴의 대부분의 작품들은 학계는 물론 일반 독자 양쪽에서 높은 평가를 받음으로써 문학사에서 핵심적 위치를 차지하고 있다. 그 중에서도 『오만과 편견』은 제인 오스틴의 소설 중 당대에도 가장 많이 팔린 작품이었으며, 오늘날에도 꾸준히 인기를 유지하고 있는 작품이다. 그러나 제인 오스틴은 물론 그녀의 식구들 모두 애착을 가졌던 『오만과 편견』이 출판되는 것은 쉽지 않았다. 이 작품을 처음 쓰기 시작한 것은 오스틴이 20세였던 1796년이었으며 『첫 인상』이라는 제목으로였다. 22세 때 아버지는 이 작품을 출판하고자 출판업자와 접촉하였으나 거절당했다. 그런데 27세에 원고가 팔린 『수잔』(후에 『노생거 사원』으로 출판됨)이 실제로 출판되지 않아 새로운 작품의 출판을 기획하면서 오스틴은 『오만과 편견』 보다는 『지성과 감성』을 선택하였다. 고딕 소설에 대한 풍자가 많았던 『수잔』처럼 『오만과 편견』도 풍자가 많았기 때문에 출판이 어려울 수 있다고 판단하고, 풍자가 적고 문제 제기가 덜 신랄한 『지성과 감성』을 먼저 출간하기로 결정한 것이다. 마침내 『지성과 감성』이 35세 때인 1811년에 "숙녀"의 작품으로 출판되었다. 그리고 2년 뒤인 1813년에 『오만과 편견』이 "『지성과 감성』의 저자"에 의해 출판되었다. 첫 출판을 시도한 지 15년 만에 마침내 출판에 성공한 것이다.

『오만과 편견』은 그 유명한 문장으로 시작되고 있다. "돈 많은 미혼 남자에게 아내가 꼭 필요하다는 사실은 보편적으로 인정되는 진리이다." 이 문장은 마치 속담이나 격언과 같은 형태로 제시되며, 보편적인 진리의 성격을 제시하는 것 같이 보인다. 그러나 그 어조에 있어서 그러한 생각을 조롱하고 있는데, 이러한 조롱은 바로 다음 문장으로 이어진다. 즉 사실은 돈 많은 미혼 남자가 아내를 필요로 하는 것이 아니라 미혼 여자들이 돈 많은 남자가 결혼하기 위해 존재한다고 생각하는 것으로 연결되기 때문이다.

이 소설은 첫 문장에서 제시된 문제를 꾸준히 연구하고 있다고 볼 수 있다. 제인 오스틴의 소설은 여주인공의 사랑과 결혼을 중심으로 이루어지고 있다. 이것이 가지고 있는 의미는 무엇일까? 소설에서 사랑과 결혼이라는 것은 항상 중요한 비중을 차지하는데 왜 소설에서 사랑과 결혼이 그렇게 큰 비중을 차지할까? 특히 오스틴을 비롯한 여성작가들이 소설에서 여주인공의 사랑과 결혼을 핵심적으로 다루는 이유는 무엇일까?

첫째로, 사회적·경제적 이유를 들 수 있다. 당시 중산층 여성들에게는 결혼 외에는 평생 스스로 살아갈 수 있는 방법이 없었다. 여성들은 직업을 가질 수 없었고 결혼을 하지 못한 여성들은 노처녀old maid라 불리며, 오빠나 남동생, 혹은 결혼한 자매의 집에 얹혀서 살아야 하는 경우가 대부분이었다. 19세기 소설에 이모나 고모들이 많이 등장하는 이유는 결혼 못한 여성들이 가족 중에 돈이 좀 있는 사람 집에 가서 사는 경우가 많았음을 보여주는 예이다. 제인 오스틴도 아버지가 돌아가신 다음에 경제적인 어려움을 겪자 부자 친척의 상속을 받은 오빠에게 의존하여 초튼에서 살게 된 것이었다. 당시 중산층 여성이 품위를 잃지 않으면서 가질 수 있는 직업으로 거의 유일한 직업이 가정교사였지만, 가정교사라는 직업은 사실상 하인과 크게 다르지 않은 열악한 직업이었다. 그러므로 여성은 결혼하지 못하면 남에게 의존해서 살아가거나 가정교사로서 하인과 다름없는 삶을 살았기에 경제적으로 매우 어려운 삶을 살 수 밖에 없었다. 때문에 여성에게 결혼이라는 것은 사회적으로나 경제적으로 중요한 일이었으므로 여성의 삶을 그릴 때 결혼의 문제는 핵심이 될 수밖에 없었다.

둘째로, 도덕적 이유를 들 수 있다. 결혼은 당시 여성이 스스로 결정할 수 있는 거의 유일한 선택이었고, 올바른 선택은 성숙한 마음, 도덕적 결정들과 연결되어 있다. 여성이 선택할 수 있는 것이 별로 없던 시대에 어떤 여성이 자신의 신념을 발휘할 수 있는 거의 유일한 기회는 배우자를 선택하는 것이었다. 사실 당시에는 남녀비율의 불균형 때문에 결혼하지 못한 여성이 많았으므로 배우자를 선택할 수 있는 기회가 모든 여성에게 주어진 것도 아니었다. 그런데 어떤 남자와 결혼하는가 하는 것은 그 여자의 평생을 좌우하였으므로, 한 개인으로서 삶을 어떻게 살아야 한다고 생각하는지, 무엇이 올바른 삶이라고 생각하는지, 무엇이 아름다운 결혼이고, 결혼생활은 어떻게 해야 되는지에 대해 종합적으로 사고하고 행동해야 하는 시기가 배우자를 선택하는 시기라고 할 수 있다. 이런 의미에서 제인 오스틴이 흔히 사랑과 결혼을 다뤘다고 하지만 사실 작품 속에 열정적인 사랑이 많이 나타나 있지 않음에 주목할 필요가 있다. 제인 오스틴은 열정적인 사랑 보다는 정확한 판단력과 그 기초가 되는 자아의 성숙을 이야기하고 있으며, 격정에 빠져서 하는 사랑은 이상적으로 제시되지도 아름답게 묘사되어 있지도 않다.

셋째로, 문학적 이유를 들 수 있다. 즉 소설은 여주인공의 성숙 혹은 성장의 시험장이라는 점이다. 제인 오스틴이 여성의 삶을 다룸에 있어서 결혼을 주제로 다룬 데에는 이 시기가 여주인공의 성숙을 시험할 수 있는 시기이기 때문이다. 이 작품 속에는 여러 결혼에 관한 이야기가 나온다. 다양한 부부들의 모습이 나오고, 결혼에 이르게 되는 많은 젊은이들의 이야기가 나오는데, 그들이 결혼을 통하여 얻게 되는 행복과 불행은 정신적, 도덕적 성숙과 직결되어 있다. 자아가 성장하고 타인과 사회에 대하여 도덕적 사고와 행동을 할 수 있을 때에 올바른 판단과 선택이 가능하며 이를 통해 도달하게 되는 것이 행복한 결혼으로 그려지고 있다. 이런 점에서 제인 오스틴이 그리고 있는 사랑과 결혼은 여주인공의 성장을 그릴 수 있는 시간과 공간이라는, 문학적 소재를 제공하고 있다. 이 작품에서 주인공 엘리자베스는 잘못된 선택을 할 수 있는 여러 위기를 맞이한다. 그녀가 그러한 위기들을 극복하고 행복한 결혼에 이를 수 있으려면 그녀에게 요구되는 여러 시험을 통과해야 하는 것이다. 제인 오스틴은 여성의 삶에 있어서 가장 중요한 시기에 어떤 감정을 가지고 있는가를 포함하여 어떤 사고와 어떤 행동을 하느냐를 밀도 있게 고찰하였다.

『오만과 편견』은 여주인공 엘리자베스가 처한 상황을 통해 당시 여성들의 사회적·경제적 상황을 적나라하게 보여주는 한편, 그녀가 이루어내는 한 개인으로서의 성장과 성숙의 과정을 탐구함으로써 여성과 성장서사에 관해 중요한 문학적 성취를 이루어내었다.

B. 비평 개관

제인 오스틴은 출판 당시에는 독자가 많지 않았다. 주로 젠트리 계층의 중상층 독자나, 문학적 안목이 있던 사람들 사이에서 한정적으로 읽히고 있었을 뿐, 당시 대중적인 인기를 누리고 있던 다른 작가들에 비해 독자층이 제한되어 있었다. 예를 들어 고딕소설가 앤 래드클리프는 18세기 후반부터 선풍적인 인기를 누리며 베스트셀러들을 생산하고 있었으며, 월터 스콧Walter Scott, 1771-1832도 동시대작가로서 광범위한 독자층을 가지고 있었지만, 오스틴의 작품은 이들처럼 대중적인 인기를 얻지 못했다. 그럼에도 불구하고 오스틴의 작품은 초기부터 미학적으로는 높은 평가를 받았고, 당시에 대중적인 인기를 누리면서도 문학계에서 좋은 평을 받지 못하던 고딕소설, 감상소설, 교훈소설을 쓰던 다른 여성작가들과는 구별된다는 긍정적인 평가를 받았다.

1870년에 출판된 제임스 에드워드 오스틴-리James Edward Austen-Leigh의 『제인 오스틴 전기』*A Memoir of Jane Austen*는 오스틴에 대한 평가에 하나의 전기를 가져왔다. 제인 오스틴의 조카였던 제임스는 제인을 겸손하고 숙녀다운 기독교 독신녀의 모습으로 그려냈고, 이는 그녀를 목가적 영국성Englishness이라는 영국의 전통을 대표하는 작가로 구축하는 데 기여하였다. 오스틴이 죽기 전 마지막 생일인 1816년에 제임스에게 보낸 편지에 쓴 다음의 말에는 그녀의 작품세계가 잘 드러나 있다.

> "다양성과 빛으로 가득 찬 너의 강한 남성적인 활기찬 스케치들로 내가 무엇을 하겠니? 내가 많은 수고 후에도 거의 효과를 내지 못하는 그렇게 가는 붓으로 작업하는 (2인치 넓이의) 작은 상아 조각 위에 그것들을 어떻게 연결시킬 수 있겠니?"

여기에서 제인 오스틴은 자신의 작업을 세밀화miniature 그리기에 비유하고 있는데, 이처럼 자신의 세계를 제한한 것에 대하여 다양한 평가가 이루어지고 있다. 즉 자신의 세계를 스스로 제한한 겸손에서 나온 숙녀다운 태도로 보고 칭찬하거나 비판하기도 하며, 반대로 미학적 혹은 윤리적 관점에서 세밀화가와 같은 한계를 인정하지만, 또한 그 제한

속에서 고도의 기술을 주장하는 담대함에서 나온 것이라고 평가하기도 한다.

많은 영국인들은 제인 오스틴이 자신의 한계를 인정하고 "시골 마을의 세 네 가정"을 그리는 것에 집중하였던 것에 대해 산업혁명 전의 옛 영국을 잘 그렸다고 많은 매력을 느꼈다. 그러나 이것은 일부 영국인들에게는 오스틴의 계급의식에 대한 비판을 초래하기도 하였으며, 특히 많은 미국 남성작가들에게는 구세계에 속한 예의범절에 절은 협소한 세계를 다룬 작가라는 비판을 받게 하였다.

제인 오스틴에 대한 비평적 재평가는 20세기가 되어서 시작되었다. 버지니아 울프Virginia Woolf는 『자기만의 방』*A Room of One's Own,* 1929에서 여성작가들을 평가하면서, 유일하게 제인 오스틴을 셰익스피어의 문학적 경지에 오른 여성작가로 평가하였다. 리비스F. R Leavis는 『위대한 전통』*The Great Tradition,* 1948에서 제인 오스틴을 "영국 소설의 위대한 전통의 창시자"라고 명명하였으며(7), 제인 오스틴의 뒤를 이어 영국소설의 위대한 전통을 세워 간 작가로 조지 엘리엇George Eliot, 헨리 제임스Henry James, 조셉 콘래드Joseph Conrad를 꼽았다. 또한 이안 와트도 『소설의 발생』에서 제인 오스틴을 18세기 소설 발생기의 형식적 사실주의 전통을 계승 발전시킴으로써 19세기 소설의 전성기를 가능하게 한 작가로 높이 평가하였다.

20세기 후반의 비평들에서 오스틴의 정치적 입장에 대한 다양한 평가가 시작되었다. 제인 오스틴을 자기가 속했던 사회를 아이러니를 통해 비판했던 "전복적subversive" 작가로 보는 견해가 발전하는가 하면, 오히려 오스틴의 보수성을 옹호한 견해들도 발전하였다. 더크웰스Alistair Duckworth나 버틀러Marilyn Butler같은 비평가는 정치적인 혹은 종교적인 면에서 제인 오스틴을 보수적인 입장이라고 보았다. 더크웰스는 제인 오스틴을 "전복적" 작가로 보는 견해를 비판하고, 오스틴이 개인주의의 가치를 알았지만 그에 못지않게 개인주의의 위험을 계속 인지하였다고 주장하였다. 오스틴의 소설이 거짓 개량주의자나 물질주의자로 인한 위협을 드러내고, 종교적 원칙, 도덕, 예의범절이 상호간에 도움을 주는 관계 속에 존재하는, 사회적으로 소중한 유산을 전달하려고 하였다고 오스틴의 보수성을 높게 평가하였다. 메리린 버틀러 또한 오스틴의 소설이 전통적인 사회에 대해 덜 비판적이었다고 주장하면서, 급진적이고 자유적인 정치적 주장을 표현했던 당대의 다른 작가들과 다르다고 보았다.

반면 오스틴의 전복성을 평가한 비평가들 중 하나로 하딩D. W. Harding은 제인 오스틴의 작품들이 당시 사회를 아이러니를 통해 비판하였다고 분석하였으며 그것을 "조절된 증오regulated hatred"라고 표현하였다. 데이비드 데이쉬즈David Daiches도 제인 오스틴이 전복적인 도덕성을 가지고 풍자를 통해 사회를 비판한 것을 높이 평가하였으며, "훌륭한 영국소설가로서는 유일하게 맑스 이전의 맑시스트였다고 할 수 있다"고 평하였다. 제임스 톰슨James Thompson 또한 맑스주의적 관점에서, 오스틴이 소설화 한 1790년과 1820년 사이에 결혼을 하기 위해 노력하는 여성들을 결혼을 하기 위해 "노동"하는 여성이라고 보고, 이들과 노동계층 사이에 상당한 유사점이 있었음을 분석하였다. 당시 나폴레옹의 봉쇄정책 등으로 영국의 노동자들은 역사적으로 최악의 조건에 놓여있었는데, 오스틴은 결혼을 하기 위해 노력하는 여성들에게 이 시기가 "근무 조건이 매우 나쁜 시기"였음을 소설을 통해 보여주고 있다고 분석하고 있다.

20세기 후반에 오스틴에 대한 다양한 재평가가 활발히 이루어진 것은 무엇보다 여성주의 비평가들에 의해서였다. 샌드라 길버트Sandra Gilbert와 수잔 구바Susan Gubar의 『다락방의 광녀』*The Madwoman in the Attic*, 1979는 제인 오스틴을 "이중적인 여성 언어"를 잘 구사한 작가로 높이 평가하였다. 그들은 19세기 여성작가들은 "작가성에 대한 불안감anxiety of authorship"을 가지고 있었으며, 사회가 요구하는 것과 자신이 하고 싶은 말 사이에 괴리가 컸기 때문에, 팰럼세스트palimpsest (쓰여 있던 글자를 지우고 다시 쓴 양피지의 사본)와 같은 텍스트를 생산했다고 본다. 즉 사회의 요구에 따라 보수적 책을 쓸 수밖에 없었지만 그 속에 자기가 정말 하고 싶은 말을 숨겨 놓는 이중전략을 썼다는 것이다. 제인 오스틴은 그러한 이중전략을 매우 효과적으로 구사하였다고 길버트와 구바는 평가하였다. 자신의 "(2인치 넓이의) 작은 상아" 위에 "다양성과 빛으로 가득 찬 강한 남성적인 활기찬 스케치"를 할 수 있는 능력이 없다고 자신의 예술 세계를 제한한 제인 오스틴의 말은, 겉으로 보기에는 익명성 뒤에서 여성으로서의 예의를 차리면서 겸손하게 세밀화 화가의 모습을 자처하고 있지만, 실은 세상에 대한 비판 혹은 거부를 표현한 것이라고 본다. 여성작가에게 안전한 공간이라는 것이 얼마나 작은 것인지를 역설적으로 표현한 것으로서, 스스로 그러한 제한을 부여하고, 또한 실제로 그렇게 작은 공간 속에 갇혀 있는 것이 얼마나 힘든지를 표현함으로써 여성들은 아무리 현실이 숨 막혀도 그러한 감금에 동의할 수밖에 없다는 비판을 표현하고 있다는 것이다.

신역사주의적 관점에서도 오스틴은 재평가되기 시작하였다. 메리 푸비Mary Poovey는 『숙녀와 여성작가』*The Proper Lady and the Woman Writer,* 1984에서 오스틴을 부르주아 이데올로기의 역사에 있어서 핵심적인 시점에 살았던 작가로 평가한다. 따라서 오스틴의 유명한 예의범절과 자숙은 겉보기와는 달리 그녀가 당시 사회와 가진 복잡한 관계의 단면을 드러내주는 것으로 해석한다. 오스틴이 이 시기의 복잡한 이데올로기적 갈등을 아이러니와 서술기법을 기술적으로 사용함으로써 예술적 차원에서 '해결' 했다고 보는 것이다. 마가렛 컬컴Margaret Kirkham의 『제인 오스틴, 여성주의와 소설』*Jane Austen, Feminism and Fiction,* 1983은 오스틴의 소설을 18세기말 여성주의 논쟁의 문맥 안에서 역사적인 관점으로 살펴보고 있다. 그녀는 오스틴의 주제가 계몽주의 페미니즘의 핵심을 다루고 있으며, 도덕성의 문제와 여성의 지위에 관한 관점이 당시의 역사적 흐름과 맥을 같이하고 있다고 평가함으로써 오스틴 작품의 위대성을 예술적인 면에서 뿐 아니라 주제적인 면에서 재평가하였다.

오늘날 오스틴의 작품들은 영화연구 분야에서도 각광받고 있다. 다른 어떤 작가들보다 많이 영화나 드라마로 상영되면서 관객들의 사랑을 받고 있으며 이는 오스틴의 작품에 대해 새로운 관심을 불러일으키고 있다.『오만과 편견』은 영국 BBC에서 1938년 이래 모두 여섯 번에 걸쳐 드라마로 만들어졌는데, 사이먼 랭튼Simon Langton 감독, 앤드류 데이비스 Andrew Davies 각색으로 1995년에 만들어진 6부작 미니시리즈는 원작에 충실한 고전으로서, 영국 시골 마을의 젠트리 계층의 삶을 잘 표현하였다고 좋은 평가를 받고 있다. 헐리우드에서『오만과 편견』은 1938년 흑백영화로 상영된 이후 여러 차례 영화화되었는데, 가장 최근에 영화화 된 것은 2005년에 조 라이트Joe Wright 감독에 의한 것이다. 감독 자신이 이 영화를 "몸에 관한 것"이라고 표현한 데에도 나타나듯이 주인공들의 로맨스에 성적 욕망을 더하여 21세기 관객들을 끌었다. 2004년에 영화로 나온『신부와 편견』*Bride and Prejudice*은『오만과 편견』의 원제 "Pride and Prejudice"를 살짝 비틀어 제목을 정한 데에도 나타나듯이 지극히 영국적인 소설인『오만과 편견』을 비틀어 인도 영화화한 것이었다. 오스틴의 소설들을 영화화한 작품들은 각 시대와 사회가 오스틴의 소설에 대해 어떤 점에서 매력을 느끼며 어떤 관점으로 재해석 하고 있는지를 보여 주고 있다.

영화나 드라마가 오스틴에 대한 대중들의 새로운 관심을 드러내고 있다면, 전문 비평가들에게도 오스틴은 항상 새로운 모습으로 재해석되고 있다. 정치적인 비평이 주류를 이루었던 20세기 후반을 지나 오스틴에 대한 평가는 정치적인 비평을 넘어 새로운 심미적 관점에서 재조명되기도 하고, 그녀의 작품이 포함하고 있는 개별적인 면, 예를 들어 교육,

계몽주의, 종교, 음식, 군인 문제 등 다양한 면에 초점을 맞추어 연구되기도 한다. 21세기에도 제인 오스틴은 많은 사람들에게 사랑받으며 새로운 재평가들을 만들어내고 있는 것이다.

참고문헌

Austen-Leigh, James Edward. *A Memoir of Jane Austen*. New York: Macmillan, 1906.

Butler, Marilyn. *Jane Austen and the War of Ideas*. Oxford: Clarendon Press, 1975.

Copeland, Edward and McMaster, Juliet (eds.). *The Cambridge Companion to Jane Austen*. Cambridge, UK: Cambridge University Press, 1997.

Duckworth, Alistair M. *The Improvement of the Estate: A Study of Jane Austen's Novels*. Baltimore and London: The Johns Hopkins Univeristy Press, 1971.

Gilbert, Sandra M. and Gubar, Susan. *The Madwoman in the Attic: The Woman Writer and the Nineteenth-Century Literary Imagination*. New Haven and London: Yale University Press, 1979.

Kirkham, Margaret. *Jane Austen: Feminism and Fiction*. New Jersey: Barnes & Noble, 1983.

Leavis, F. R. *The Great Tradition: George Eliot, Henry James, Joseph Conrad*. New York, NY: New York University Press, 1948.

Poovey, Mary. *The Proper Lady and the Woman Writer: Ideology as Style in the Works of Mary Wollstonecraft, Mary Shelley, and Jane Austen*. Chicago, IL: The University of Chicago Press, 1984.

Spence, Jon. *Becoming Jane Austen : A Life*. London: Hambledon Continuum, 2003.

Thompson, James. *Between Self and World: The Novels or Jane Austen*. University Park and London: The Pennsylvania State University Press, 1988.

Todd, Janet. *The Cambridge Introduction to Jane Austen*. Cambridge, UK: Cambridge University Press, 2006.

Watt, Ian. *The Rise of the Novel: Studies in Defoe, Richardson and Fielding*. London: Chatto & Windus, 1957.

Woolf, Virginia. *A Room of One's Own*. London: Harcourt Brace Jovanovich, 1957.

JANE AUSTEN

Pride and Prejudice

II. 작품의 플롯과 해설

II. 작품의 플롯과 해설

Pride and Prejudice

전체 작품 개요

베넷 씨Mr. Bennet에게는 아들은 없고 다섯 명의 딸, 제인Jane, 엘리자베스Elizabeth, 메리Mary, 키티Kitty, 리디아Lydia가 있다. 그런데 베넷 씨의 재산은 남자에게만 상속되는 한사상속이었으므로 가까운 남자 친척에게 상속되게 되어 있다. 이런 이유로 베넷 씨가 죽으면 아내와 딸들은 살던 집을 내놓고 나와야 하며 경제적으로 어려운 삶을 살 수밖에 없는 형편이다. 이런 상황을 막기 위해 베넷 부인Mrs. Bennet은 다섯 명의 딸을 부잣집에 시집보내는 것을 필생의 과업으로 삼고 있다.

소설은 그들의 이웃에 찰스 빙리Charles Bingley라는 돈 많은 부자 청년이 이사 온다는 기쁜 소식으로 시작되고 있다. 베넷 부인은 기내에 부풀어 남편에게 빙리가 세든 네더필드 파크Netherfield Park를 방문하라고 조르는데, 베넷 씨는 가지 않을 듯이 말해서 아내와 딸들의 속을 태운다. 그러나 말과는 달리 베넷 씨는 빙리를 방문하고, 빙리 역시 베넷 씨가 사는 롱번Longbourn을 답방하여 베넷가의 딸들을 메리튼Meryton에서 열리는 무도회에 초청한다.

이 무도회에서 빙리는 제인에게 끌리게 된다. 이날 무도회에 빙리는 친구인 피츠윌리엄 다아시Pitzwilliam Darcy를 데리고 온다. 빙리보다 훨씬 부자인 그는 처음에 모든 사람들의 관심을 받지만, 이내 그가 가진 오만한 태도 때문에 사람들에게 좋지 않은 평가를 받는다. 다아시는 빙리의 누이들하고만 춤을 추고 다른 여자들은 무시하며, 더구나 엘리자베스에 대해서는 “참아줄 만하게 생겼을 뿐”이라는 평을 한다. 이런 다아시의 말을 듣게 된 엘리자베스는 다아시에게 좋지 않은 인상을 갖게 된다.

어느날 빙리의 누이들은 심심하다고 제인을 네더필드에 초청한다. 베넷 부인은 비가 올 것 같은 날씨에 제인을 말등에 태워 보내 그 날 밤 돌아오지 못하고 네더필드에서 자도록 꾀를 쓴다. 제인은 비를 흠뻑 맞아 심한 감기에 걸려 그 집에 머물게 되고, 다음 날 아침 제인이 많이 아프다는 편지를 받은 엘리자베스는 급히 네더필드로 가는데 마차가 없어서 진창길을 걸어서 간다. 제인이 몹시 아파 엘리자베스도 함께 네더필드에 머물게 된다.

네더필드에 머무르는 동안 엘리자베스는 몇 번 다아시와 이야기를 나누게 된다. 다아시는 처음에는 엘리자베스를 "참아줄 만하게 생겼을 뿐"이라고 말했었지만, 그 후 윌리엄 루카스 경Sir William Lucas의 집에서 열린 파티에서 엘리자베스의 매력을 알게 되었다. 엘리자베스와 제인이 네더필드에 머무르는 동안, 캐롤라인 빙리Caroline Bingley는 다아시의 주목을 끌어보려고 갖은 노력을 하면서 엘리자베스를 비판하지만, 다아시는 오히려 점점 엘리자베스에게 끌린다.

어느 날 베넷 씨의 조카이자 상속자인 윌리엄 콜린즈William Collins 목사가 롱번을 방문하게 된다. 그는 이 저택의 미래의 주인으로서 집안 곳곳은 물론 모든 가구를 살펴보고 칭찬하는데, 이런 행동이 베넷 부인의 마음을 아프게 한다. 후원자인 캐서린 여사Lady Catherine de Bourgh를 지나치게 숭앙하는 그는 말끝마다 자신이 잘났음을 강조하고 자신의 후원자와 그녀의 딸을 극찬한다. 그는 상속 문제를 보완하겠다고 말하는데, 그 뜻은 베넷 씨의 딸들이 아름답다는 것을 듣고 그들 중 하나와 결혼하려는 의사를 가지고 방문했음을 의미한다.

어느 날 베넷 가의 딸들이 함께 메리튼에 갔을 때, 아주 잘생기고 멋진 몸매를 가진 조지 위컴George Wickham을 만나게 된다. 이 때 빙리와 다아시가 지나가다가 그들을 만나게 되고, 다아시와 위컴은 서로 알아

보자 놀라며 둘 다 얼굴색이 변하는데, 이 장면을 엘리자베스가 목격한다. 그 후 필립스 이모의 집에서 열린 만찬에 참석한 위컴은 엘리자베스에게 호의를 보이면서, 다아시가 자신에게 주기로 되어 있던 성직록을 주지 않아 자신의 일생이 망쳐졌다고 이야기한다. 이에 엘리자베스는 위컴에게 호감을 갖게 되고, 다아시를 더욱 싫어하게 된다.

엘리자베스는 빙리가 네더필드에서 연 무도회에 위컴과 춤추기를 기대하며 참석한다. 그런데 위컴이 오지 않자 이것이 다아시 때문이라고 생각하여 더욱 다아시를 혐오하게 된다. 엘리자베스는 다아시가 춤을 청하자 엉겁결에 승낙하지만 춤추며 그의 성격을 비난한다. 또한 이 무도회에 참석한 베넷 가의 식구들은 최악의 무례한 모습들을 드러낸다. 이 날 이후 네더필드에 머물던 사람들은 모두들 런던으로 떠나버린다.

콜린즈는 선심 쓰듯 엘리자베스에게 청혼을 하지만, 엘리자베스는 거절한다. 처음에 엘리자베스의 거절을 수줍은 겸손에서 나온 것 정도로 치부하다가 마침내 그녀의 거절이 진심인 것을 알게 된 콜린즈는 샬롯 루카스Charlotte Lucas의 격려에 힘입어 며칠 만에 그녀에게 청혼하고 승낙을 얻는다. 이 사실을 알게 된 엘리자베스는 놀라고 베넷 부인은 분노한다.

몇 달이 흘러 3월이 되었을 때 샬롯의 초청으로 엘리자베스는 루카스 경과 함께 헌스포드Hunsford를 방문한다. 예쁘지도 않고 가진 것도 없이 노처녀가 되어 가고 있었기에 첫 번째 청혼인 콜린즈의 청혼을 받아들여 결혼한 샬롯은 헌스포드에서 콜린즈와의 결혼생활에 적응해 가고 있다. 캐서린 여사의 초청으로 이들은 그녀의 저택 로징즈Rosings를 방문하여 그녀가 얼마나 귀족신분을 자랑하고 모든 것을 자기 뜻대로 하려는 사람인지 경험한다. 얼마 후 그녀의 조카인 다아시와 피츠윌리엄 대령이 로징즈에 와서 머물게 된다. 엘리자베스는 피츠윌리엄과 가까워지지만 그는 돈 많은 여자와 결혼해야 할 형편이다.

엘리자베스는 다아시가 목사관에 자주 오자 의아하게 생각하는데, 어느날 다아시가 뜻밖에도 엘리자베스에게 청혼을 한다. 그런데 마침 이날 아침 엘리자베스는 산보 길에서 피츠윌리엄을 만나 얘기를 나누던 중 다아시가 어떤 친구를 좋지 않은 조건의 여자에게서 구해주었다는 이야기를 듣게 되었고, 그것이 빙리와 제인이라는 것을 눈치채고는 분개하던 참이었다. 다아시는 청혼하면서 당연히 받아들여질 것으로 생각하고, 지위가 낮은 엘리자베스에게 청혼하기 전에 얼마나 많은 것들을 포기해야 했는지에 집중하여 설명한다. 엘리자베스는 분개하여, 그의 오만한 태도, 빙리와 제인을 헤어지게 한 것, 위컴의 인생을 망친 것 등을 비판하며 그의 청혼을 거절한다.

거절을 당하리라고는 생각지도 못했던 다아시는 자존심이 상한 채, 편지를 통해 엘리자베스가 했던 비난들에 대해 하나하나 설명한다. 처음 그 편지를 읽었을 때 엘리자베스는 그의 말을 믿을 수 없어 하지만, 다시 읽을수록 그의 말이 옳다는 것을 깨닫게 된다. 뿐만 아니라 지금까지 자신이 얼마나 편견에 사로잡혀 어리석었는지에 대해 깨닫고 심한 수치심을 느끼게 된다. 다아시와 피츠윌리엄은 다음날 아침 로징즈를 떠나고, 일주일 후 엘리자베스 일행도 총 6주간의 헌스포드 체류를 마치고 집으로 돌아온다.

여름 여행을 외삼촌 가디너 씨Mr. Gardiner와 외숙모와 함께 북부의 호수지방Lake District으로 가기로 한 계획에 따라 일행은 여행을 떠난다. 그런데 가디너 씨의 사업상 형편 때문에 더비셔Derbyshire까지만 가기로 되며, 거기에서 가디너 부인이 강렬히 원해서 다아시의 저택인 펨벌리Pemberley에 가게 된다. 엘리자베스는 혹시 다아시를 만나게 될까봐 가기를 꺼리지만, 거기에 주인이 지금 없다는 정보를 얻고 가기로 한다.

펨벌리를 방문한 엘리자베스는 펨벌리의 아름다움에 감탄하고, 가정부인 레이놀즈 부인Mrs. Reynolds의 다아시 칭찬에 놀라게 되며, 그의 초상화 앞에서 그가 자기에게 가져주었던 관심에 감사의 마음을 느끼게 된다. 엘리자베스는 그 집에서 나오다 뜻밖에 다아시를 만나 당황하지만, 그의 태도는 전과 많이 달라져서 그녀 일행에게 예의바르게 행동한다. 그 후 다아시는 동생과 빙리를 데리고 엘리자베스 일행이 머무는 곳을 방문 하는 등 변화된 태도를 보여 엘리자베스는 전에 가졌던 증오가 없어짐은 물론 존경과 감사의 마음까지 가지게 된다.

그러던 어느 날 엘리자베스는 제인의 편지로 리디아와 위컴이 함께 도주하였음을 알게 된다. 그 편지를 막 읽고 크게 낙담해 있을 때 다아시가 오자, 엘리자베스는 다아시에게 사실을 말하고, 급히 롱번을 향해 떠난다. 베넷 씨는 리디아를 찾아 런던으로 떠났고 식구들은 모두 베넷 씨의 편지만 기다리고 있는데, 위컴이 도박으로 많은 빚을 지고 있었던 사실을 비롯하여 그의 비행이 점점 더 밝혀진다. 베넷 씨는 아무런 소득 없이 런던에서 돌아온다.

낙담한 가족들에게 뜻밖에 기쁜 소식이 가디너 씨에게서 온다. 그의 편지에 위컴과 리디아를 찾았고 둘은 리디아가 자신의 몫을 받는다는 조건으로 결혼하게 되었다는 내용이 쓰여 있었던 것이다. 베넷 씨는 다행이라고 하면서도 이런 일이 이루어지기 위하여는 가디너 씨가 적지 않은 돈을 지불했으리라고 짐작하며 이를 어떻게 갚을까 걱정한다. 그런데 결혼하여 롱번에 온 리디아와 위컴은 조금도 후회나 반성의 기미가 없어서 베넷 씨와 엘리자베스를 아연실색하게 한다. 어느 날 리디아와의 대화를 통해 엘리자베스는 다아시가 그들의 결혼식에 위컴과 함께 왔다는 말을 듣고, 가디너 부인에게 자세한 내용을 묻는 편지를 쓴다. 답장을 통해 엘리자베스는 위컴을 찾아내어 많은 돈을 들여 문제를 해결하고 리디아와 결혼시킨 것이 다아시였음을 알게 되고 감사와 사랑과 함께, 미안함과 고통을 느낀다.

리디아와 위컴은 북부에 있는 뉴캐슬Newcastle로 떠나고, 네더필드에는 빙리 일행이 돌아온다. 그들이 도착한 지 사흘째 되는 날 빙리가 롱번을 방문하는데 다아시도 함께 온다. 베넷 부인이 빙리에게는 낯간지러운 친절을 다하면서 다아시에게는 냉대를 하여 엘리자베스의 마음은 괴롭다. 더욱이 다아시가 더비셔에서와는 달리 침묵만을 지키고 있어서 엘리자베스는 실망하고, 실망하는 자신에게 화가 난다. 마침내 제인은 빙리의 청혼을 받게 되어 둘은 한없이 행복하다.

어느 날 캐서린 여사가 난데없이 롱번에 나타나 다아시는 자기 딸과 약혼한 사이라면서 엘리자베스에게 그와 결혼하지 않겠다는 대답을 강요한다. 무례한 캐서린 여사의 태도에 엘리자베스는 대답을 거절한다. 이 일로 마음이 무거운 엘리자베스에게 며칠 후 다아시가 나타나 청혼을 한다. 사실 캐서린 여사는 엘리자베스에게 대답을 못 듣자 조카인 다아시를 직접 설득하려고 나섰고 다아시는 캐서린 이모의 말을 통해 엘리자베스의 생각을 추측할 수 있었기에 용기를 내서 다시 청혼하러 온 것이었다. 엘리자베스는 기쁘게 청혼을 받아들이고 가족들에게 다아시와의 약혼 사실을 알리는데 제인은 믿지 못하고 아버지도 사랑 없는 결혼은 하지 말라고 충고하여 그들을 설득시키느라 애를 먹는다. 반면 그동안 다아시를 냉대하고 혹평하던 어머니는 태도를 바꾸어 부자이고 잘 생기고 매력적인 남자와 결혼하게 되었다며 환희에 차서 축하한다. 소설은 제인과 빙리, 엘리자베스와 다아시의 행복한 결혼생활을 비롯하여 주요 인물들의 그 후 삶을 요약하여 들려주며 끝나고 있다.

Pride and Prejudice

작품 내용 요약과 해설

1권 1장-6장

줄거리

이야기는 베넷 씨의 집 롱번에서 시작되고 있다. 베넷 부인은 이웃인 네더필드 파크에 부자 청년 빙리가 이사 온다는 소식에 흥분하여 베넷 씨에게 일 년에 4-5천 파운드의 재산가인 빙리가 자기 딸 중 하나와 결혼할 수 있게 하려면 그가 이사를 오자마자 남편이 그를 방문해야 한다고 조른다. 베넷 씨는 그가 부자 청년인 것과 자기 딸들이 무슨 상관이 있느냐면서 가지 않을 듯이 말하여 베넷 부인의 속을 태운다.

휴 톰슨(Hugh Thompson)이 1894년에 그린 삽화_1권 1장_베넷 씨와 베넷 부인이 딸들의 결혼과 새로운 이웃에 대한 이야기를 나누고 있다.

그러나 베넷 씨는 아내에게 아무 말도 하지

않은 채 빙리를 만나고 온다. 며칠 후 빙리는 베넷 씨의 방문에 대한 답방으로 롱번을 방문한다. 그는 이 집의 다섯 딸들, 즉 제인, 엘리자베스, 메리, 키티, 리디아의 아름다움에 대해 많이 들었던 터여서 내심 만나보고 싶었지만 베넷 씨만 만나고 돌아간다. 그리고 다음번 무도회에 데려올 사람들을 데리러 런던으로 간다. 빙리가 누구를 데려올지 초미의 관심사인 가운데, 며칠 후 열린 무도회에 빙리는 누이 2명과 다아시라는 친구를 데리고 온다. 다아시는 키가 크고 잘 생겼을 뿐 아니라 일 년에 일만 파운드의 수입이 있는 사람임이 5분 안에 알려지면서 모두들 큰 관심을 가지고 환영한다. 그러나 다아시보다 재산이나 신분은 다소 떨어지지만 잘생기고 성격 좋은 빙리에 비해, 다아시는 오만하고 주위 사람들을 깔보는 듯한 태도를 취해 아무리 더비셔에 커다란 토지가 있다고 해도 빙리만 못하다고 모두들 결론을 내리게 된다.

1895년 맥밀란(Macmillan) 판 『오만과 편견』에 실린 씨 이 브록(C. E. Brock)의 흑백 삽화_1권 3장_무도회에서 빙리는 다아시에게 춤 출 것을 종용하며 엘리자베스를 추천하지만, 다아시는 "참아줄만은 하지만 같이 춤추고 싶지 않다"며 거절한다. 엘리자베스는 이러한 다아시를 오만하다고 느낀다.

다아시는 빙리의 누이들하고만 한 번씩 춤을 출 뿐 아무와도 춤을 추지 않는다. 이를 본 빙리가 다가와 그러지 말고 춤도 추고 무도회를 즐기라고 하면서, 여기에 아름다운 여자가 많다며 마침 가까이 있던 엘리자베스를 추천한다. 이에 다아시는 엘리자베스와 눈이 마주칠 때까지 쳐다보더니, 눈을 돌리며 "참아줄 만 하기는 하지만, 같이 춤추고 싶을 만큼 예쁘지는 않다"라고 차갑게 거절한다. 엘리자베스는 이 말을 듣게 되고 다아시에게 좋지 않은 인상을 받게 되지만, 우습고 어리석은 일을 풍자하기 좋아하는 장난스러운 성격의 소유자인 그녀는 친구들에게 재미있어하면서 이 사실을 이야기한다. 제인은 이 무도회에서 빙리에게 두 번이나 춤 신청을 받는다.

집에 돌아와 엘리자베스와 둘이 남게 되자 제인은 빙리를 칭찬하면서 자신이 그를 얼마나 높이 평가하는지 털어 놓는다. 엘리자베스는 제인의 평가에 동의하면서도, 제인이 그의 무례한 두 누이들까지 좋게 평가하는 것을 듣고서 누구든 좋게만 보는 제인의 성격을 지적한다. 또한 빙리는 상업으로 돈을 번 아버지의 재산을 상속받아 부자가 된 것이지만 성격이 너무 좋기만 해서 상속받은 돈을 토지에 투자하는 일도 하지 못하고 있는 상태임을 이야기한다.

루카스 여사와 딸들이 베넷 가를 방문하여 지난 번 무도회에 대하여 이야기를 나눈다. 샬롯 루카스는 엘리자베스와 친한 친구 사이이다. 둘은 제인과 빙리의 관계에 대해 이야기를 나누는데 제인의 태도에 대해 서로 다른 의견을 피력한다. 제인이 마음을 드러내지 않는 데 대해 샬롯은 제인이 느끼는 감정보다 더 드러내어 빙리가 접근하는 것을 도와주어야 한다고 주장한다.

루카스네 집에서 열린 파티에서 다아시는 점점 엘리자베스에 대한 관심이 고조되어 그녀를 지켜보며, 그녀의 짙은 눈이 갖고 있는 아름다움에 매력을 느끼기 시작한다. 다아시가 윌리엄 루카스 경과 이야기하고 있을 때, 엘리자베스가 그 쪽으로 오자 루카스 경은 다아시에게 엘리자베스와 춤추라고 권한다. 이에 다아시는 그녀와 정말 춤을 추려고 하는데 엘리자베스는 거절한다. 이 일로 다아시는 엘리자베스에게 더 관심을 갖게 된다.

해설

소설의 첫 부분은 제인 오스틴이 특유의 "시골마을의 세 네 가정"을 어떻게 설정해가고 있는지 잘 보여준다. 가장 중요한 집안은 베넷 가이며 베넷 씨와 베넷 부인의 대조적인 성격과 다섯 딸들의 다양한 성격이 묘사된다. 베넷 부인은 이 소설의 첫 문장에 나타난 "진리"—즉, "재산이 많은 사람은 필히 아내를 필요로 한다"는 진리—를 진심으로 믿고 있는 사람으로서 다섯 명의 딸들을 부자 청년에게 결혼시키는 것이 인생의 목적이다. 그러므로 빙리라는 부자 청년이 이웃에 이사 온다는 것은 베넷 부인에게는 바로 "우리 딸들에게 얼마나 좋은 일인가!"로 연결된다. 이러한 베넷 부인의 모습은 곧바로 풍자의 대상이 되고 있다. "진리"에 관한 이 소설의 첫 문장은 이런 면에서 베넷 부인에 대한 풍자인 것을 알 수 있지만, 작품을 읽어 가다 보면 베넷 부인이 왜 이럴 수밖에 없는가 하는 것을 이해하게 된다는 점에서 풍자의 양면성이 드러난다.

베넷 씨는 결혼을 통해 마음에 맞는 아내를 만나지 못한 후, 아내의 잘못이나 마음에 들지 않는 딸들의 행동을 놀리는 데서 삶의 유일한 즐거움을 찾고 있는 사람이다. 그는 부자 청년이 이웃에 이사 오는 것이 "딸들에게 어떤 영향을 준다는 것이냐?" 혹은 "여기 와서 살려는 것이 우리 딸과 결혼하고자 하는 계획 때문이냐?"고 질문하는 데에도 나타나듯이, 아내에게 냉소적인 태도를 취한다. 아내의 간청에 못이겨 빙리를 방문하고 오고도 이 소식을 그냥 식구들에게 알려주는 것이 아니라 아주 재미있는 방법으로, 식구들을 흥분시키는 방법으로 알려주고 있는데, 이 장면에서는 가족들을 놀리는 데에서 재미를 찾는 그의 모습이 잘 나타나 있다.

그에게는 딸이 다섯 있다. 첫째 딸 제인은 예쁘고 착하다. 그러나 베넷 씨가 유일하게 기대를 거는 딸은 둘째인 엘리자베스이다. 빙리를 방문하고 왔다는 사실을 알리는 것도, 모자를 다듬고 있는 엘리자베스에게 "빙리 씨가 그것을 좋아했으면 좋겠구나"라고 말을 거는 일로 시작된다. 하기 싫지만 그래도 딸들을 위해 빙리를 방문한 일이 엘리자베스에게 도움이 되기를 바라는 마음이 암시되고 있다. 셋째인 메리에 대해 베넷 씨는 부정적이다. 빙리가 초청한 무도회에 대해서, 셋째에게 "책을 많이 읽고 요약을 하며 깊은 사색을 하는 여성인 너는 어떻게 생각하니?"라고 의견을 묻지만, 베넷 씨의 이 표현은 그의 대부분 말이 그러하듯 풍자적인 표현이다. 메리는 아버지의 질문에 멋진 대답을 하려고 노력하지만 제대로 하지 못하고 베넷 씨 역시 바로 다른 이야기로 화제를 돌려버린다. 넷째인 키티는 기침을 하다가 베넷 부인의 불편한 심기를 자극하여 애꿎게 야단을 맞고 있고, 막내인 리디아는 "난 두렵지 않아. 내가 가장 어리기는 하지만, 내가 가장 키가 커"라는 말로 무도회에 대한 기대를 표시하여 당돌함을 드러내고 있다.

베넷 가의 가까운 이웃으로 루카스 가가 있다. 윌리엄 루카스 경은 상업을 통해서 돈을 벌어 메리튼의 시장이 되고 그것을 통해서 기사 작위를 받게 되어 궁정에까지 한 번 가 본 인물이다. 그래서 그의 이름 앞에는 귀족에게 붙이는 "경sir"이 붙는다. 그는 귀족 중 맨 하위급인 기사 계층이다. 그런데 윌리엄 루카스 경을 보면 흔히 생각하는 영국 귀족의 모습과는 다르다. 상업을 통해서 돈을 벌어 작위를 받게 된 뒤에 비즈니스 같은 것이 우스워 보여 일도 하지 않고 루카스 로지에서 상류층으로서의 삶을 살고자 한다. 그러나 실제로는 별로 돈도 없고 미래도 없이 귀족 행세를 하고 있을 뿐이어서, 앞날이 암담한 딸 샬롯이 오직 재정적인 이유로 결혼하게까지 만드는 결과를 초래하고 있다. 또한 부인 루카스 여사Lady Lucas 역시 이름 앞에 “Lady”가 붙어서 귀족임을 나타내지만, 현명하지도 못하고 물질적이며 베넷 부인과 잘 어울리는 이웃으로 묘사되고 있어서, 루카스 가에 대한 묘사에는 돈을 벌어 작위를 받은 사람들에 대한 풍자가 나타나 있다.

베넷 가의 이웃인 네더필드에 이사옴으로써 베넷 부인과 딸들의 마음을 설레게 하는 빙리 가 역시 상업으로 돈을 번 집안이다. 빙리의 아버지는 많은 돈을 벌었지만 미처 토지를 사놓지 못한 채 세상을 떠났다. 그러므로 이제 빙리는 부유한 계층다운 삶의 양식을 살아가려면 토지를 사야 하는데, 마음 편한 그는 우유부단한 면이 있어 누이들을 다소 불안하게 한다. 헐스트 씨와 결혼한 누이와 아직 결혼하지 않은 캐롤라인이 그의 누이들인데 둘 다 사리분별력이 떨어질 뿐 아니라 속물근성을 보이며 거만하게 군다.

빙리의 친구로 이 마을에 오게 되는 피츠윌리엄 다아시는 빙리와 함께 무도회에 참석하는데 일 년에 4-5천 파운드의 소득이 있는 빙리와는 달리, 일 년에 1만 파운드의 소득이 있는 사람인 것으로 알려지면서 모두에게 관심을 받게 된다. 그는 외모도 출중하여 곧 무도회에 참석한 모든 사람들에게 찬사의 대상이 되고 인기를 끌게 되지만, 무도회가 반 정도 지났을 즈음에는 다른 사람을 무시하는 거만한 태도로 인해 모두에게 인기를 잃는다. 그가 아무리 더비셔에 커다란 토지를 가진 사람이라고 해도, 재산도 적고 신분도 하위인 빙리보다 못한 사람이라고 평가되고 마는 것이다. 여기에서 돈이 많고 지위가 높은 사람이라고 해서 무조건 그에게 끌리지 않는 사람들의 모습을 통해, 예의범절을 지키는 것이 얼마나 중요한 것인지를 작가는 강조하고 있다.

다아시는 이처럼 처음 등장부터 예의범절manners을 제대로 지키지 못하는 사람으로 나오면서 여러 가지 문제를 발생시키고 있다. 때로 제인 오스틴의 소설들은 ‘풍습소설novel of manners’로 불릴 만큼 예의범절이 소설에서 중요한 비중을 차지하고 있다. 풍습소설이란 특정 계층의 가치나 관습, 언어, 행동 양식들을 다루는 사실주의 소설의 일종으로서, 사회의 관습이 중요시되고 인물들은 그 기준을 충족시키면서 사는지 아닌지에 따라 평가된다. 풍습소설에서 개인의 꿈과 야망은 사회의 기준과 부딪히며 갈등하게 되고, 인물과 풍습 사이의 관계는 이야기의 가장 중요한 핵심을 이루게 된다. 제인 오스틴 외에도, 윌리엄 쌔커리William Makepeace Thackeray, 헨리 제임스, 이디스 워튼Edith Wharton 등의 작품이 풍습소설로 분류된다.

제인 오스틴의 작품에서는 춤을 열심히 추는 것이 예의범절의 기본이 되며, 춤을 열심히 추는 남자가 착한 남자이다. 왜냐하면 여자는 먼저 가서 춤을 청할 수 없고 남자가 가서 춤을 청해야 하는데, 춤을 추지 못하고 있는 여자들이 있는 상황에서 남자가 춤을 추지 않는다는 것은 좋은 매너를 가졌다고 할 수 없기 때문이다. 이 무도회에서 빙리는 모든 춤을 추는 반면에, 다아시는 춤을 추지 않는다. 자기가 잘 아는 빙리의 누이 두 명 하고만 한 번씩 추고 말기 때문에 세상에서 가장 오만하고 불쾌한 인물로 평가를 받게 된다.

더구나 춤을 추지 않고 있는 다아시에게 빙리가 다가와 엘리자베스와 춤을 추라고 권했을 때, 다아시는 "누구 말하는 거야?"라면서 둘러보다가 엘리자베스를 보게 된다. 그런데 살짝 보는 것도 아니고 눈이 마주칠 때까지 보고서 차갑게 하는 소리가 "참아줄 만은 하군. 그러나 같이 춤추고 싶을 만큼 예쁘지는 않아"라면서 다른 남자에게 관심을 못 끈 여자와 춤 출 기분은 아니라고 말한다. 예의범절에 어긋나는 안하무인격의 이러한 발언은 엘리자베스가 들을 수 있는 거리에서 뱉어진 말이었기에 더욱 나쁜 인상을 줄 수밖에 없는 사건이다.

앞에서 베넷 씨가 딸들 중 엘리자베스를 높게 평가하는 부분이 나오기는 했지만 엘리자베스가 실제로 독자들에게 모습을 드러내는 것은 이 부분이 처음이라고 할 수 있다. 그런데 그 첫 모습이 이렇게 다아시의 눈을 통해서 "참아줄만한" 인물로 제시되고 있는데, 그 말을 들었을 때 엘리자베스의 반응은 창피해서 가슴을 썩이고 속상해한다거나 하는 것이 아니라, 재미있어 하면서 이 사건을 친구들 혹은 식구들에게 이야기하는 방식으로 드러난다. 왜냐하면 그녀는 "활기있고 장난기 있는 성격을 가지고 있어서, 어떤 것이든 어리석은ridiculous 것을 재미있어하기 때문이었다." 엘리자베스는 비록 자신이 당한 것이기는 하지만, 거기에 상처받고 주눅 들기보다는 그러한 다아시의 행동을 사람들에게 공개해서 놀리고, 재밌게 만들어 버린다. 이러한 엘리자베스의 성격과 태도에 대해 서술자는 "어리석은 것이면 무엇이든지 즐기는 활기있고 장난기있는 기질"을 가지고 있다고 긍정적으로 평가한다.

이 소설에서 이런 기질을 가지고 있는 또 하나의 사람이 베넷 씨라는 점은 앞에서 지적했었다. 그런데 만약 이 소설 속에 이런 기질을 가지고 있는 또 하나의 사람이 있다고 한다면 그는 누구일까? 그는 바로 서술자이며, 그러한 서술자를 창조한 작가이기도 하다. 제인 오스틴 자신이 어리석은 일들을 풍자하기를 즐기는 기질이었음이 서술자를 통해, 풍자로 시작하는 소설의 첫 번째 문장부터 잘 나타나 있다. 제인 오스틴의 풍자가로서의 면모는 바로 서술자와 베넷 씨와 엘리자베스에게 투영되어 있는 것이다.

제인 오스틴이 인물의 성격 묘사를 하는데 있어서 효과적으로 사용하고 있는 수법이 비교와 대조의 수법이다. 4장에서는 제인과 엘리자베스, 빙리와 다아시, 6장에서는 엘리자베스와 샬롯이 비교 및 대조되고 있다. 먼저 제인과 엘리자베스의 대조는 두 자매의 대화를 통해 나타난다. 제인은 엘리자베스에게 빙리를 매우 높이 평가하며 칭찬한다. 제인은 심지어 빙리의 두 누이에 대해서도 좋게 생각하고 말한다. 이에 엘리자베스는 제인이 지각이 있으면서도, 다른 사람의 어리석음을 그토록 알아채지 못하는 것에 감탄한다. 어떤 의심도 없이 모든 사람의 성격을 좋게 보며 어떤 나쁜 점에 대해서도 말하는 법이 없는 사람은 제인 밖에 없을 것이라는 것이 엘리자베스의 평가이다. 반면에 엘리자베스는 관찰력이 뛰어나고 기질도 꼿꼿할 뿐 아니라, 자기에게 잘 해 준다고 해서 사람에 대한 판단이 흔들리지 않는 성격이기 때문에 빙리 자매가 거만하고 자만에 빠진 여성들이라는 것을 꿰뚫어보고 있다.

빙리와 다아시의 성격 또한 대조의 수법을 통해 설명되고 있다. 빙리는 느긋하고 개방적이고 유연한 성격을 가지고 있지만 이해력에 있어서는 다아시가 뛰어나기 때문에 빙리는 다아시를 굳게 신뢰하고 그의 판단을 따른다. 반면에 다아시는 오만하고 내성적이고 까다롭고 매너가 좋지 않아서 이 점에서는 빙리가 훨씬 우월하다. 빙리는 어디에 가도 사람들이 좋아하지만, 다아시는 거부감을 유발시키는 인물이다.

엘리자베스와 샬롯 루카스의 생각이 어떻게 대조되는지는 6장에서 나타난다. 제인이 자신의 감정을 드러내지 않는데 대해서 엘리자베스와 샬롯이 이야기를 나누는 것을 통해 그들의 대조적인 생각과 성격이 그려진다. 이 부분은 당시의 여성들이 어떻게 자신에게 다가오는 남자에게 행동할 것인가에 대한 논쟁을 중심으로 묘사되고 있다. 당시는 여자가 남자에게 먼저 다가갈 수 없는 사회였는데, 이러한 상황에서 여자는 어떻게 행동해야 하는 것일까? 샬롯은 여자는 남자에게 실제로 그 남자를 좋아하는 것 보다 더 많이 표현을 해야 한다, 그래야 그 남자가 다가와서 접근을 할 수 있다고 주장한다. 샬롯은 여자로서는 남자에게 다가갈 수 있는 아무런 방법이 없는 상황에 어떻게 하면 남자에게 청혼을 받을 수 있을 것인가에 대한 고민을 표현하고 있는 것이지만, 엘리자베스는 샬롯의 견해에 반대한다.

당시 남자와 여자는 일대일로 만나 대화할 수 있는 기회는 거의 없고, 무도회에서라든가 아니면 여러 사람이 함께 만찬을 하는 자리에서 이야기를 잠깐씩 해볼 수 있는 것뿐인데, 어떻게 서로의 마음을 전달할 수 있을 것인가? 또 서로의 성격을 잘 알지 못하는 상태에서, 예를 들면 빙리가 제인의 성격을 알지 못하고 제인이 빙리의 성격을 알지 못하는 상태에서, 어떻게 두 사람이 서로 좋아한다는 것을 알 수 있을 것인가? 이 문제에 대한 샬롯과 엘리자베스의 논쟁은 답이 쉽지 않은 것이다.

주해와 중요어구

<3장>

- the most accomplished girl: 가장 재예를 잘 갖춘 여성이라는 뜻인데, 재예(才藝)라는 것은 당시에 여성들이 갖추어야 할 예능적인 기술들을 의미하는 것이다. 자세한 내용은 8장 해설 참조.

<4장>

- the liberty of a manor: 직역하면 "장원의 자유"가 되겠지만, 의미하는 것은 "사냥할 수 있는 권리"이다. 빙리는 네더필드 파크가 자신의 영지는 아니지만 거기에 세 들어 살면서 좋은 집과 함께 사냥의 권리까지 누리게 되었음을 보여주고 있다.

1권 7장-12장

줄거리

빙리가 집을 비운 사이 캐롤라인이 심심하다고 네더필드로 제인을 초청한다. 베넷 부인은 비가 올 것 같은 생각에 제인을 그 집에서 자고 오게 하려고 말을 타고 가게 한다. 베넷 부인의 생각대로 제인은 말을 타고 가다가 비를 맞아 심한 감기에 걸리게 되고, 이 사실을 알리는 편지를 다음날 아침에 집으로 보낸다. 엘리자베스는 걱정이 되어 급히 네더필드로 가는데 마차가 없어서 삼 마일을 걸어가게 된다. 비를 맞아 진창이 된 길을 달리다시피해 네더필드에 도착한 엘리자베스를 보고 빙리 식구들은 놀란다. 제인이 많이 아파서 엘리자베스도 네더필드에 계속 머무르게 된다.

1946년 클리블랜드(Cleveland) 판에 실린 에드가드 서린(Edgard Cirlin)의 삽화_1권 7장_제인이 네더필드의 초청을 받고 말을 타고 떠난 지 얼마 되지 않아 비가 오기 시작한다. 이 일로 인하여 제인은 앓아눕게 되고, 엘리자베스는 진창길을 걸어 네더필드로 가서 제인을 간호한다.

네더필드에서 보내는 저녁 시간에 엘리자베스는 빙리의 누이들이 제인에 대해 걱정하는 것이 얼마나 위선적인지를 목격한다. 빙리는 그녀에게 친절하지만, 캐롤라인은 엘리자베스가 방을 떠났을 때 그녀를 혹평한다. 캐롤라인이 제인의 가족 친지들의 열등성을 지적하고 비판할 때 빙리는 반대한다. 반면 다아시는 엘리자베스가 먼 길을 걸어왔을 때 더욱 매료되면서도, 친척들이 열등하기 때문에 제인과 엘리자베스가 좋은 결혼을 하기는 어려울 것이라고 본다. 다아시와 캐롤라인은 여성의 재예에 대해 비슷한 의견을 피력하는데 이에 대해 엘리자베스는 반대하는 입장을 보인다.

엘리자베스는 제인의 상태를 보이려고 베넷 부인을 네더필드로 부른다. 베넷 부인은 키티와 리디아를 데리고 네더필드에 와서 제인의 상태를 점검하고 위험한 상태가 아님을 확인하지만 제인을 거기에 더 머물게 한다. 대화를 나누던 중 엘리자베스는 자신이 빙리의 성격을 잘 이해한다고 말하고, 이에 빙리는 엘리자베스가 “성격을 연구하는 자”라고 명명한다. 엘리자베스는 자신이 성격을 연구하는 것을 즐긴다고 인정하는데, 이에 다아시가 시골은 그런 일을 하기에 제한이 많을 거라고 하고, 이 말에 베넷 부인은 화를 내며 시골에도 도시에서만큼 충분히 분석할 인물들이 많다고 다아시를 공격한다. 엘리자베스는 어머니의 태도에 당황한다.

다음날 저녁 다아시가 여동생에게 편지 쓰는 옆에서 캐롤라인은 그의 관심을 끌고자 갖가지 아첨을 계속 한다. 캐롤라인이 피아노를 치는 동안에 다아시는 엘리자베스를 계속 응시한다. 엘리자베스는 다아시가 자기에게 관심을 가지는 것을 느끼면서도 자신이 너무 못마땅해서 계속 쳐다보는 것이라고 생각한다. 캐롤라인은 다아시의 마음을 눈치 채고 질투를 하지만, 엘리자베스는 다아시가 춤을 제안해도 거절하고 만다.

다음날 저녁에는 제인도 좀 회복되어 아래층에 내려온다. 남자들이 없을 때에는 캐롤라인도 유쾌한 사람임을 엘리자베스는 알게 된다. 그러나 남자들이 나타나자마자 캐롤라인은 다아시의 주의를 끌려고 온갖 노력을 기울이며, 이에 실패하자 엘리자베스까지 끌어들여 그의 주의를 끌고자 한다. 예를 들어 캐롤라인은 다아시의 주의를 끌고자 일어나 걸어 다니는데 다아시가 쳐다보아주지 않자 엘리자베스도 일으켜 함께 걸어 다녀, 드디어 다아시의 주목을 끄는 것이다.

다아시와 엘리자베스 간에 하나의 논쟁이 벌어지는데, 엘리자베스는 어리석음을 조롱하는 것을 좋아하지만, 현명하고 선한 것을 조롱하는 것은 좋아하지 않는다고 말한다. 다아시는 자신은 어리석음을 피하려고 항상 노력해왔다고 말하고, 엘리자베스는 그의 오만함을 암시적으로 비판한다. 일요일 아침 예배 후 제인과 엘리자베스는 마침내 집으로 돌아간다. 다아시는 원하는 것 이상으로 엘리자베스에게 매료되어 가던 참이어서 그들이 집에 돌아가는 것을 다행이라고 생각한다.

휴 톰슨이 1894년에 그린 삽화_1권 10장_캐롤라인은 동생에게 편지를 쓰는 다아시 옆에서 그의 관심을 끌고자 칭찬을 한다.

해설

7장에는 한사 상속entail의 문제가 소개되고 있다. 베넷 씨의 재산은 일년에 2,000파운드가 나오는 토지가 거의 전부인데, 그 토지는 아들을 낳지 못할 경우 친척 중 가장 가까운 남자에게 상속되도록 상속인이 한정되어 있다. 그러므로 베넷 씨가 죽고 나면 베넷 부인과 다섯 딸들은 모든 재산을 잃은 채 경제적으로 매우 어려운 형편에 처할 수밖에 없다.

한사 상속되는 재산을 가지고 있던 베넷 씨는 결혼할 때 설마 아들을 낳지 못하리라고는 생각하지 못했을 것이다. 그러나 베넷 부부는 아들을 낳지 못했고, 어떻게 보면 배넷 부인이 딸들을 결혼시키려는 노력이 열심 정도가 아니라 거의 강박관념이 된 것은 아들을 낳지 못한 여성으로서의 어떤 죄의식과도 관련이 되어 있다고 볼 수 있다. 베넷 부인이 딸들을 시집 잘 보내는 게 삶의 목적인 것에 대해 베넷 씨는 늘 비웃지만 그렇다고 그에게도 어떤 다른 선택의 여지가 있는 것은 아니다. 그러므로 제인 오스틴은 여성들에게 심각한 궁핍을 초래하는 하나의 법제도로서 한사 상속의 문제를 다루고 있다. 더구나 나중에 재산 상속자가 나타났을 때 얼마나 우스꽝스러운 사람인지를 보여줌으로써 한사 상속에 대한 강력한 비판을 하고 있는 것이다.

제인 오스틴이 여성 문제로 또 하나 중요하게 다루는 것은 재예accomplishments에 관한 것이다. 교양으로 해석되기도 하는 이 단어는 당시 여성들에게 요구되는 여러 가지 예능적 기술이라는 점에서 재예才藝라고 해석하는 것이 더 타당할 것이다. 8장 끝부분을 보면 캐롤라인은 재예를 갖춘 여성이라는 말을 들으려면 "음악, 노래, 그림, 춤, 현대어들에 대한 철저한 지식"을 가져야 하며, 이에 더하여, "걷는 태도와 자세, 목소리의 어조, 말과 표현에 어떤 무엇인가를 가져야만 한다"라고 주장한다. "현대어"라고 한 것은 당시에 남자들이 희랍어나 라틴어와 같은 고대어를 배운 반면에 여자들은 불어나 독어 같은 현대어를 배운 것을 보여준다. 그리고 여기서 재미있는 것은 멋있게 걸어 다니는 것이 재예에 포함된다는 점이다. 실제로 캐롤라인은 조금 있다가 다아시의 주의를 끌고자 일어나서 멋있게 걸어 다니는 모습을 보여주고 있다. 재예를 갖춘 여성은 어떤 여성인가에 대한 이러한 대화를 통해 당시 여성들이 무엇을 성취하기를 요구받았고 또 무엇을 배웠는지, 즉 당시 여성교육이 무엇이었는지가 잘 나타나 있다.

그런데 다아시는 이 모든 것에 더해서 "광범위한 독서를 통해 생각을 개선시키는 데 있어서 더 견고한 어떤 것을 추가해야만 한다"라고 이야기하고 있다. 여기에서 다아시는 생각이 더 발전된 여성을 바라는 것을 볼 수가 있지만, 사실 당시의 여성 교육은 여성들의 생각이 많이 발전되기를 바라지 않았다. 너무 생각이 없는 것도 문제이지만 자기 나름의 독립적인 사고를 하는 여성은 결코 매력적이라고 보지 않았다. 여성에게 요구되는 지적 수준은 남편의 말에 "네"라고 동의할 수 있는 정도의 수준이었을 뿐, 남편의 말에 "아니오"라고 말 할 수 있을 정도의 지적 수준은 갖추어서는 안되는 것이었다.

캐롤라인과 다아시가 재예를 갖춘 여성은 어떤 여성인가에 대해 이야기하고 있을 때, 엘리자베스는 "나는 그런 여성을 본 적이 없어요. 그런 능력과 취향과 응용력과 우아함이 통합된 것을 나는 못 봤어요"라고 반론을 제기한다. 이에 빙리의 두 누이는 엘리자베스가 여자들을 깎아내리는 것이라고 비난하며 자신들은 그런 여자를 많이 봤다고 주장하지만, 엘리자베스의 반론은 여자들을 깎아내리기 위해서라기보다는, 당시에 여성 교육 내용의 열악성으로 인해 바람직한 여성교육이 제대로 이루어지지 못했고 따라서 여성들의 사고와 행동이 바람직한 수준에까지 이르기가 어려웠던 현실을 지적하고 있다고 볼 수 있다. 이런 면에서 엘리자베스의 입을 통해 당시 여성교육을 비판하고 있는 제인 오스틴의 입장은, 메리 울스튼크라프트가 『여성권리옹호』*A Vindication of the Rights of Women,*

1792에서 했던 당시 여성교육에 대한 비판과 일맥상통하고 있는 것이다.

9장에서 엘리자베스가 네더필드에 머물고 있을 때 빙리는 엘리자베스를 "인물 연구가studier of character"라고 명명한다. 사실 작가인 제인 오스틴이야말로 "인물 연구가"라고 할 수 있다. 버지니아 울프Virginia Woolf는 『나만의 방』에서 18세기에 여성들이 글을 쓰기 시작했을 때 왜 시나 희곡 등이 아닌 소설을 쓰기 시작했을까에 대해서 분석한 바 있다. 울프는 여성들이 소설 장르를 발전시킬 수 있었던 이유를 여성 삶의 특징에서 찾았다. 즉 여성들이 항상 다른 사람들과의 관계 속에서 살면서 그들의 성품을 연구하고 그들과의 관계를 분석하고 살피는 데 뛰어났기 때문에, 이러한 특성이 핵심을 이루는 소설이라는 장르에 적합했다는 것이다.

사람들에 대해 늘 연구하고 그들의 관계를 분석하는 것에 뛰어났던 제인 오스틴처럼, 엘리자베스가 빙리에 의해 "인물 연구가"로 불리고 있는 점은 여러가지 의미를 지니고 있다. 무엇보다, 그것은 엘리자베스가 작가를 많이 닮아 있는 점을 시사한다. 엘리자베스는 이 작품에 등장하는 어떤 사람보다도 주의의 인물을 관찰하고 분석하는 데 뛰어나다. 그러나 다른 한편, 그것은 엘리자베스가 아직은 제대로 하지 못하고 있기에 앞으로 도달해야 할 지향점을 보여주고 있기도 하다. 즉 엘리자베스는 나름대로 남들을 공정하게 연구하고 판단한다고 자부하고 있지만, 위컴이나 다아시를 판단하는 데 있어서 중요한 실수를 저지르고 있고, 이것은 그녀가 반드시 극복해야 할 문제점인 것이다. 그러므로 이 시점에서 엘리자베스가 "인물 연구가"로 불리는 것을 기꺼워하는 모습은, 아직은 첫인상이 주는 편견에 기초하여 인물을 제대로 보는 데에서 실수를 많이 저지르고 있는 그녀에 대한 풍자를 내포하고 있기도 한 것이다.

제인 오스틴은 남자들만이 있는 장면을 그리지 않은 것으로도 유명하다. 자신이 경험하지 않은 세계를 그리지 않았던 것이다. 그러나 여자들

끼리 있을 때와, 남자가 함께 있을 때의 차이점은 정확히 묘사하고 있다. 11장은 네더필드에서 저녁을 먹은 후 엘리자베스와 제인이 빙리의 두 누이와 보내는 시간에 대한 묘사로 시작된다. 남자들이 아직 나타나기 전에 빙리의 누이들은 지금까지 본 적이 없는 "기분 좋은agreeable" 사람들이었으며 그들의 대화는 아주 훌륭했다. "그들은 파티에 대해 정확하게 묘사할 수 있으며, 유머를 가지고 일어난 일을 설명하며, 아는 사람에 대해 유쾌하게 웃을 줄 알았다." 그러나 남자들이 등장하자 캐롤라인은 온통 다아시에게만 신경을 쓰며 그의 관심을 끌고자 갖은 노력을 기울인다. 이 장면은 마치 여자들이 남자가 등장하자 해바라기처럼 모두 남자를 향하여 얼굴을 돌리고 남자들 중심으로 모든 이야기를 하는 모습을 보여준다. 제인 오스틴은 여성들 사이의 관계는 무시되고 남자들과의 관계만이 중시되는 당시 사회에 대한 비판을 이런 묘사를 통해 제시하고 있는 것이다.

주해와 중요어구

<7장>

- entail: 한사 상속. 토지의 상속에 관한 것으로서, 소유자가 팔거나 양도하거나 유언에 의해 상속할 수 없으며, 그가 죽으면 법에 의해 상속자에게 자동 상속되는 것을 말한다. 한사 상속의 목적은 가족의 땅을 손상시키지 않고 있는 그대로 상속시켜 나가려는 것이다. 한사 상속된 토지를 상속받은 사람은 그것을 팔 수 없으며, 자기가 원하는 사람(예를 들어 사생아 등)에게 상속할 수 없다. 한사 상속은 상속을 받은 사람들이 땅은 많아도 빚이 많아 고생하는 등의 여러가지 문제를 일으켰다. 『오만과 편견』은 한사 상속과 관련된 여러가지 문제 중에서 특히 그것이 남자들에게만 상속되기 때문에 그로 인해 여성들이 겪는 경제적인 문제에 초점을 맞추고 있다.

- regimentals: 군복. 군인들이 입는 옷에 대한 옛 용어로서 "regimentals"는 *OED(Oxford English Dictionary)*에 1742년에 사용된 용례가 처음 나온다. 그 후에 같은 뜻으로 사용된 단어는 "uniform"인데 *OED*에는 1748년에 처음 나타난다. "regimentals"는 소속 연대regiment를 보여주는 옷이라는 뜻을 의미하고, "uniform"은 이 옷들이 군인들을 동일하게 보이게 한다는 의미가 더 강하다고 할 수 있다.

<11장>

- vanity and pride: 두 단어는 모두 자신에 대한 강한 자부심을 나타내는 단어이다. 이 두 단어의 차이점에 대해서는 샤폰Hester Chapone의 *Letters on the Improvement for the Mind* (1773)의 정의가 대표적인데, 이 책에 따르면 "pride"는 남자와 관계되고, "vanity"는 여자와 관계된 것으로 설명되어 있다. "pride"는 오만 혹은 교만으로 해석되고, "vanity"는 허영이라고 보통 해석되고 있는데, 여자가 가지고 있는 자만은 허영이라고 명명되고 있는 것이다. 사실은 거의 동일한 성격에 대해 남자의 경우 교만으로 여자의 경우 허영으로 불렸고, 허영이 훨씬 좋지 않은 것으로 생각되었다는 것은, 같은 기질에 대해서 개념이 성별로 젠더화 되어있는 것을 보여주는 예이다.

1권 13장-18장

줄거리

베넷 씨가 가족들에게 상속자인 윌리엄 콜린즈 목사가 한 달 전에 보낸 편지를 보여주며 그가 곧 롱번을 방문할 것임을 알린다. 잘난 척하는 그의 편지를 통해서 예측된 대로, 롱번에 나타난 콜린즈는 형식과 격식으로 가득 찬 행동을 계속 한다. 그는 베넷 씨의 딸들과 롱번의 가구 등 모든 것을 칭찬하는데, 이는 베넷가의 모든 것을 그의 미래의 소유물로 보기 때문이다. 저녁에 캐서린 여사와 그녀의 딸을 극찬하는 콜린즈의 모습은 아첨하는 그의 재능을 잘 드러내 보여주고 있다.

1946년 클리블랜드 판에 실린 에드가드 서린의 삽화_1권 15장_ 콜린즈와 함께 시내에 산보를 나온 베넷 가의 딸들은 장교 데니 씨와 함께 있는 대단히 신사다운 외양을 갖춘 위컴을 만나게 된다.

콜린즈는 자신이 한사 상속을 교정하러 왔다고 하는데, 이는 사실 베넷 씨의 딸들이 아름답다는 말을 듣고 그들 중 하나와 결혼하러 온 것이다. 그는 첫눈에 제인을 선택하지만, 베넷 부인이 제인이 곧 약혼할 것 같다면서 엘리자베스에게 접근하도록 부추기자 바로 엘리자베스에게로 마음을 옮긴다. 베넷 가의 딸들과 콜린즈가 메리튼에 갔을 때, 그들이 잘 아는 장교와 함께 걸어가는 아주 신사다운 외모를 가진 위컴을 소개받게 된다. 그는 이제 곧 민병대 장교로 임관될 예정이다. 그 때 우연히 지나가던 빙리와 다아시를 만나게 되는데, 엘리자베스는 다아시와 위컴이 서로 놀라 얼굴색이 변하는 것을 목격하게 된다.

이모인 필립스 부인의 집에서 엘리자베스는 위컴을 다시 만나게 된다. 위컴은 엘리자베스에게 다아시가 아버지의 뜻을 어기고 위컴의 성직록을 가로챘다고 다아시를 비난한다. 엘리자베스는 위컴의 좋은 외모와 매너에 이끌려 그의 말을 그대로 믿게 되며, 다아시를 더욱 싫어하게 된다.

빙리는 베넷 가의 딸들을 네더필드에서 열리는 무도회에 초청한다. 엘리자베스는 네더필드 무도회에서

Prefaced his speech with a solemn bow.

1895년 맥밀란 판 『오만과 편견』에 실린 씨 이 브록의 흑백 삽화_1권 18장_네더필드의 무도회에서 콜린즈는 엘리자베스의 만류에도 불구하고 잘난 척하며 다아시에게 가서 인사를 한다.

위컴을 만날 기대에 부풀지만 그가 오지 않자 매우 실망하여 더욱 다아시를 혐오하게 된다. 콜린즈와 춤을 추어야 하는 것은 그녀의 기분을 더욱 상하게 한다. 그런데 다아시가 춤을 청하자 엘리자베스는 엉겁결에 승락하여 춤을 추게 된다. 다아시와 춤을 추면서 엘리자베스는 다아시의 성격, 즉 어떤 사람을 일단 싫어하면 아주 싫어하는 성격을 비판하는데, 이 일로 둘은 기분이 상하여 헤어진다. 이 날 무도회에서 베넷가의 사람들은 최악의 무례함을 보인다. 메리는 노래를 너무 많이 부르고, 베넷 씨는 드러내놓고 메리를 저지하고, 베넷 부인은 제인이 빙리와 결혼할 것이라고 떠들고, 콜린즈는 다아시에게 다가가 잘난 척하며 스스로를 소개한다. 가족들의 이런 모습에 엘리자베스는 수치심을 느낀다.

▒ 해설

엘리자베스의 주위에 있는 두 남자, 즉 콜린즈와 위컴이 자세히 소개되고 있는 이 부분에는 목사와 군인이라는 그들의 직업에 대한 비판을 통해 제인 오스틴의 사회비판이 잘 나타나 있다.

13장은 콜린즈가 롱번에 나타나는 장이지만, 그가 등장하기 전에 먼저 그가 쓴 편지를 통해 그가 어떤 인물인지 소개되고 있다. 18세기는 서간체 소설이 크게 성행했던 시기였고, 많은 비평가들에 의해 첫번째 영국 소설로 꼽히는 리차드슨의 『파멜라』*Pamela*도 서간체 소설이었다. 서간체 소설이란 소설 전체가 인물들이 주고 받는 편지로 이루어져 있는 소설이다. 제인 오스틴도 1793-4년에 『수잔 여사』*Lady Susan*라는 습작을 서간체 소설로 쓴 바 있다. 서간체 소설에서는 모든 인물의 성격묘사가 그의 편지를 통해서 이루어진다. 『오만과 편견』에도 여러 인물들의 편지가 등장하는데, 이 편지들은 그것을 쓴 인물의 됨됨이를 드러내는데 기여한다.

콜린즈의 편지는 그가 어떤 사람인지를 아주 잘 드러낸다. 콜린즈는 귀족인 캐서린 여사가 자기의 성직수여권자patron이고, 그녀의 교구 목사로서 성직록을 얻었다는 것에 특별한 자부심을 가지고 있다. 교구목사가 된 그는 이제 자신의 중요성에 심취해 있으며, 자신에게 교구목사를 시켜준 캐서린 여사가 너무 훌륭한 사람이라고 생각하고, 캐서린에 대한 칭찬과 아첨을 통해 자기 자신을 높이는 인물임이 이 편지에 잘 나타나 있다.

또한 그가 그토록 자랑하는 교구목사라는 "직업"에 대한 그의 생각 역시 잘 드러나 있다. 그는 목사로서 하나님의 뜻을 따라 교구인들을 사랑으로 돌보겠다든가 하는 의식을 거의 가지고 있지 않다. 그는 자신의 할 일을 두 가지로 정의하고 있는데, 그 하나는 캐서린 여사를 감사에 가득 찬 존경심을 가지고 섬기겠다는 것이며, 다른 하나는 영국 국교회가 담당하는 예식들, 즉 세례식, 결혼식, 장례식과 같은 예식들을 잘 수행하겠다는 것이다.

제인 오스틴의 소설에서 편지는, 편지를 쓴 사람의 인물됨과 성격을 드러낼 뿐 아니라 편지를 받고 그것을 읽어내는 사람의 성격 또한 드러낸다. 엘리자베스는 콜린즈가 보낸 편지에서 자신에 관해 젠체하는 과장의 말과 함께 자신이 상속자임을 사과하는 말을 읽으면서 콜린즈가 틀림없이 "이상한 사람"일 것이라고 추측하고, 또 그의 분별력에 대해서도 의심한다. 반면에 이 소설에서 책을 많이 읽은 여자로 나오는 메리는 그의 편지는 흠이 없고 그의 표현은 새롭지는 않지만 좋은 표현이라고 평가한다. 이러한 대조적인 편지 읽기를 통해, 제인 오스틴은 엘리자베스가 편지를 통해 사람을 파악할 수 있는 능력이 우수함을 보여주고 있는 반면에 메리의 한계 또한 보여준다.

롱번에 도착한 콜린즈는 25살 밖에 되지 않았으면서 무례하게 베넷 부인에게 딸들을 칭찬할 뿐 아니라 홀이며 거실이며 거기 있는 모든 가구를 조사하고 칭찬한다. 이러한 말을 다른 사람에게서 들었다면 베넷 부인이 매우 기뻐했겠지만 사실 이 모든 칭찬이 콜린즈가 미래의 소유자로서 하는 칭찬이기에 베넷 부인의 마음은 상할 수밖에 없다. 더구나 캐서린 여사에 대한 그의 끊임없는 찬사는 베넷 씨로 하여금 그의 "섬세하게 아첨하는 재능"에 대해 감탄을 자아내게 만들 정도여서, 베넷 씨는 그에게 그런 말들이 순간적인 충동에서 나오는 것인지 미리 연구하여 나온 것인지 풍자적으로 묻는다. 콜리즈는 순간적으로 나오기도 하지만 미리 치밀하게 준비한 것이기도 하다면서 그러나 언제나 미리 생각하지 않은 것인 척 한다고 대답한다. 콜린즈는 베넷 씨에게 또 하나의 즐거움을 줄 수 있을 만큼 충분히 우스꽝스러운 사람인 것이다.

식사 후 지루함을 달래기 위해 가족들은 책을 낭독하기로 하고 콜린즈에게 책을 읽어달라고 한다. 콜린즈는 기꺼이 동의하지만, 읽자고 내민 책이 소설인 것을 보자 깜짝 놀라면서 자기는 절대로 소설을 읽지 않는다고 반대한다. 마침내 그가 읽어주는 책은 제임스 포다이스James Fordyce의 『젊은 여성을 위한 설교집』*Sermons to Young Women,* 1766으로 당시에 여성들을 위한 대표적인 행동지침서conduct book였다. 일반적으로 당시의 행동지침서들은 여자들은 항상 남자에게 의존해야 하며, 온순하고, 복종적이고, 예의바르고, 겸손하고, 여성적이고, (중요한 문제에 대해서는) 무지하고, 정숙해야 한다고 가르쳤다. 가장 대표적인 행동지침서로 루소Jean Jacques Rousseau의 『에밀』*Emile,* 1762, 제임스 포다이스의 『젊은 여성을 위한 설교집』, 그레고리 박사Dr John Gregory의 『딸들에게 남기는 아버지의 유산』*A Father's Legacy to His Daughters,* 1774을 들 수 있다.

메리 울스튼크라프트는 이러한 행동지침서들을 여성에게 모욕적인 것이라고 비판하면서 여성을 단지 "남을 즐겁게 하는 여자pleasing woman"로 교육할 것이 아니라 이성적인 사람으로 교육해야 한다고 『여성권리옹호』에서 주장하였다. 제인 오스틴은 이 작품에서 가장 신랄한 풍자의 대상이 되고 있는 인물인 콜린즈가 소설의 이 부분에서 행동지침서를 읽자고 제안하는 것으로 설정함으로써 행동지침서가 요구하는 여성들의 모습과는 달리 여성의 독립적인 사고력과 판단능력을 중시하고 있음을 보여준다. 또한 콜린즈가 소설은 절대 읽어서는 안되는 부도덕한 책으로 취급하는 것을 보여줌으로써 오히려 소설에 대한 옹호를 하고 있다.

15장에는 위컴이 등장한다. 엘리자베스는 콜린즈 목사에 대해서는 그의 됨됨이를 꿰뚫어 보는 반면에 위컴에 대해서는 제대로 보지 못한다. 위컴의 수려한 외모와 좋은 매너, 현란한 언변에 휘둘리게 되는 것이다. 엘리자베스가 그를 메리튼의 거리에서 처음 만났을 때 그는 민병대의 장교로 임관 예정이었는데, "그의 매력을 완전하게 하기 위해서 부족한 것은 오직 군복regimentals 밖에 없었다"고 묘사되고 있다. 즉 군복만 입으면 그의 매력은 완전해질 것이라는 것이다. 당시에 군인들이 입던 화려한 군복의 모습은 영화 등에서 군인들이 퍼레이드를 하는 장면 등을 통해 볼 수 있다.

위컴은 민병대에 들어가 장교가 된다. 그런데 콜린즈에 대한 비판이 그가 성직자로서 자신의 직업을 어떻게 설명하고 있느냐를 통해서 이루어지고 있는 것과 마찬가지로, 위컴에 대한 저자의 비판은 그가 왜 군인이 되었는지 스스로의 설명을 통해 이루어지고 있다. 콜린즈에게서 성직자로서 하나님에 대한 헌신이나 교구민에 대한 사랑을 찾아볼 수 없었던 것처럼, 위컴에게서는 군인으로서 나라를 지키겠다는 의지나 꿈은 찾아볼 수 없다. 그가 군인이 된 것은 자기에게 군인이 되라고 권한 친구인 데니Denny가 속한 부대가 메리튼에 있고, 메리튼이 군인들에게 많은 관심을 주고 있고 또 훌륭한 교제범위를 제공하고 있어서라고 한다. 그는 자신이 실의에 빠진 사람이며, 고독을 견딜 수 없어서 사교계society가 필요했기에 군인이 되었다고 말하고 있다. 그는 나라에 대한 의무나 헌신에서가 아니라, 사회적 편의주의나 낭만적 편의주의로 군인이 된 것이다.

영국에 민병대가 생기기 시작한 것은 영국과 독립전쟁을 하고 있던 미국이 프랑스와 손을 잡자 이에 불안감을 느낀 영국정부가 민병대를 일으키기 시작하고, 이에 귀족이나 거대 지주들이 적극 호응하면서였다. 이들은 민병대를 만들어 자기 부대의 군인들이라는 표시가 나도록 빨강, 파랑, 초록의 다양한 코트들을 해 입혔고, 당시 그들의 복장은 그들이 가서 주둔하는 시골에 대단한 볼거리를 제공하였다. 리디아와 키티가 메리튼에 군인과 그들의 군복을 구경하러 가는 데에서 커다란 즐거움을 찾고 있는 모습은 당시의 이런 상황을 잘 보여주고 있는 예이다.

영국은 전통적으로 해군을 중시하는 반면 육군 상비군에 대해서는 정치적으로 우려하는 입장이었다. 그런데 나폴레옹 함대가 공격의 위협을 가하던 18세기 말과 19세기 초에 육군 상비군에 대한 우려가 약화되자 군인들은 전에 없이 자유롭게 자신의 활동영역을 옮겨 다닐 수 있게 되었다. 민병대들은 급격히 수가 늘어났으며, 영국의 각지를 누비고 다니며 주둔하였고, 무도회장에서 춤을 추었다. 고향과 관계없는 지역에 배치 받은 군인이 전에 어떤 사람이었는지 그의 사회적 지위가 무엇인지는 화려한 군복 뒤에 감추어지고, 장교라는 지위만으로 인정을 받았다. 해군은 실제로 전쟁을 하였지만 육군은 전쟁을 한 적이 없었으며, 기계파괴운동을 진압시키는 데에 동원되는 등 정치적으로 이용되었다. 뿐만 아니라 무엇보다 성적 타락으로 사회적인 많은 문제를 일으켰다. 제인 오스틴은 화려한 군복 뒤에 고향에서 저지른 일들을 숨긴 채 재정적·성적 타락을 일삼는 위컴이라는 인물을 통해 당시 군인들이 불러일으키던 이러한 사회적 문제를 비판하고 있다.

▒ 주해와 중요어구

<14장>

• circulating library: 대출 도서관. "circulating library"는 당시에 책이 비싸서 사서 읽기 어려웠던 많은 사람들에게 책을 읽을 수 있게 해주는 역할을 하였다. 그 전에 책은 자산이 있는 가문에서 소유하는 library(개인 서재)가 있어야 읽을 수 있었는데, "circulating library"가 생기면서 비로소 오늘날과 같이 책을 대출해주는 도서관이 생기게 된 것이다. 대출 도서관은 많은 사람들에게 소설을 읽을 수 있게 해주어 소설의 발전에 중요한 공헌을 하였다.

<16장>

• living: 성직자의 녹(祿). 영국 국교 목사로서 평생 동안 받게 되는 수입을 의미한다. 위컴은 다아시의 아버지가 자기에게 성직록을 주겠다고 약속했는데 다아시가 아버지의 뜻을 어기고 자신에게 성직록을 주지 않는다고 비난한다. 콜린즈 목사는 캐서린 여사에게 성직록을 받게 된 것을 대단히 자랑스러워한다. 당시 영국 국교에서 성직수여권을 귀족이나 상류 젠트리 계층이 가지고 있었음을 잘 보여주고 있는 장면들이다.

<18장>

• gallantry: 부녀자에게 친절함, 정중함. 매우 용감하고 용기있는 행위를 의미하지만 또 여자들에게 친절하게 말을 한다든가 정중한 행동을 하는 것을 의미한다. 그런데 "gallantry"라는 단어 속에는 일단 남자들이 여자를 자기보다 허약하고 열등한 존재로 보고 보호해주는 태도가 함축되어 있다. 이 부분에서 콜린즈는 25살 밖에 되지 않았으면서도 엄숙하고 형식적인 태도로 베넷 부인에게 아름다운 딸들을 두었다고 칭찬하고 딸들이 모두 결혼을 잘 할 것이라고 위로하는 "gallantry"를 보여주고 있어 풍자의 대상이 되고 있다.

1권 19장-23장

줄거리

콜린즈는 베넷 부인의 격려에 힘입어 엘리자베스에게 청혼한다. 그는 엘리자베스가 자신의 청혼을 당연히 받아들일 것으로 생각하고 왜 청혼하는지를 장황하게 설명한다. 엘리자베스는 거절하지만 콜린즈는 그녀의 진심이라고 믿지 않고 베넷 부인에게 청혼 사실을 알려 축하를 받는다. 그러나 곧 베넷 부인은 콜린즈의 말을 통해 엘리자베스가 거절했다는 것을 알고 기겁하여 베넷 씨에게 도움을 청하는데, 베넷 씨는 오히려 엘리자베스의 편을 든다. 콜린즈는 자기가 거절되었다고 생각하기에는 자신을 너무 높게 생각하는 사람이어서 엘리자베스가 베넷 부인의 말대로 "아주 고집불통의 어리석은 여자"라고 생각한다. 그렇기에 엘리자베스에게 거절당한 것에 대해 아쉬워하지 않고 자기 책임이 없다고 말한다.

휴 톰슨이 1894년에 그린 삽화_1권 19장_콜린즈는 엘리자베스가 당연히 받아들일 것으로 생각하고 청혼했다가 거절당하자 쉽사리 받아들이지 못한다.

베넷 가의 딸들이 메리튼에 갔을 때 엘리자베스는 위컴을 만나게 되고 그로부터 다아시 때문에 무도회에 오지 않았다는 설명을 듣게 된다. 집에 돌아왔을 때 제인은 캐롤라인의 편지를 받게 되는데, 이 편지는 그들이 모두 네더필드를 떠나며 겨우내 돌아오지 않을 것이고, 빙리는 다아시의 여동생과 결혼하게 될 것이라는 내용이다. 이에 제인은 크게 낙담을 하게 되지만, 엘리자베스는 이것이 캐롤라인의 견해이자 희망일 뿐이라고 강력하게 주장한다.

엘리자베스에게 거절당한 콜린즈는 샬롯 루카스의 격려를 받아 3일도 되지 않아 청혼하여 수락을 받는다. 샬롯은 그가 제공하게 될 재정적 안정 때문에 그의 청혼을 받아들였을 뿐 그에 대한 존경이나 사랑은 없기 때문에 약혼기간 같은 것은 짧게 잡고 결혼을 빨리 해치우고 싶어한다. 콜린즈는 떠나고 샬롯의 청혼 수락을 들은 엘리자베스는 친구인 샬롯이 물질적 이유 때문에 그런 남자와 결혼하려는 것에 충격을 받는다.

1946년 클리블랜드 판에 실린 에드가드 서린의 삽화_1권 22장_ 콜린즈는 엘리자베스에게 청혼을 거절당한 후, 곧 자신에게 친절하게 대해 준 샬롯에게 청혼한다.

윌리엄 루카스 경이 롱번에 와서 베넷 씨 식

구들에게 콜린즈와 샬롯의 약혼 소식을 알린다. 모두 놀라고 의심스러워하는 가운데 베넷 씨는 냉소적으로 반응하고 엘리자베스는 샬롯과의 관계가 훼손됨을 느낀다. 특히 베넷 부인이 겪는 고통이 큰데, 그녀는 샬롯이 롱번에 오면 이 집을 소유하게 될 날을 기다리는 것이라고 생각되고, 콜린즈와 낮은 목소리로 이야기 할 때면 베넷 씨가 죽자마자 자기와 딸들을 이 집에서 쫓아낼 계획을 세우는 것이라고 생각되어 속이 상한다.

▒ 해설

콜린즈의 청혼과 엘리자베스의 거절, 그리고 콜린즈가 엘리자베스에게 거절당한 후 며칠 만에 샬롯에게 청혼하여 수락받는 이야기가 주를 이루는 이 부분은 당시 재정적인 기반을 가진 남자들의 결혼에 대한 태도와 재정적인 기반을 가질 수 없는 여자들의 반응을 적나라하게 드러내고 있다.

먼저 콜린즈가 엘리자베스에게 하는 청혼의 내용을 보면, 거절될 수 있으리라고는 상상도 하지 않기 때문에 오직 이 결혼이 어떤 점에서 편리한지를 설명하는 데 초점이 맞추어져 있음을 볼 수 있다. 그러므로 엘리자베스가 거절했을 때 그는 전혀 믿지 않는다. 자신의 안정된 생활, 귀족 가문과의 관계, 베넷 가의 재산 상속자인 점, 이 모든 것을 보았을 때 엘리자베스로서는 자신의 청혼을 거절할 수 없다고 주장한다. 아무리 그녀가 매력적이라고 할지라도 그녀의 재정 상황을 보았을 때 또 다른 청혼을 받기는 거의 불가능할 것이라고 하면서, 그녀의 거절은 "우아한 여성들이 보통 그렇게 하듯이" 긴장감을 주어 자신의 사랑을 증가시키고 싶어서 거절을 하는 것일 뿐 진정한 거절은 아니라고 결론짓는다.

이에 엘리자베스는 자신은 그런 종류의 "우아함"을 발휘할 생각이 없으며, 자기의 말이 진실한sincere 것으로 받아들여지기만을 바란다고 말한다. "나를 당신을 괴롭히려고 하는 우아한 여자로 생각하지 말고, 가슴으로부터 나오는 진실을 말하는 이성적 피조물로 생각해달라"고 강력 주장한다. 이렇게 강력한 엘리자베스의 거절에도 불구하고 콜린즈는 남자로서의 너그러움gallantry을 발휘하면서 부모의 허락을 받아오겠다고 하고, 이에 엘리자베스는 아버지를 통해 거절의 뜻을 전달할 수밖에 없다는 것을 느낀다. 아버지의 말이라야 "우아한 여성의 짐짓 꾸미는 태도나 교태"로 생각되지 않을 수 있을 것을 알기 때문이다.

여기에서 사용되는 단어들은 중요한 의미를 가지고 있다. 먼저 "우아한 여자elegant female"와 "이성적 피조물rational creature"이 대조되어 사용된다. 콜린즈는 엘리자베스의 거절을 단순히 "우아한 여자"가 구사하는 작전 정도로 치부하고 엘리자베스는 이에 분노하며 자신을 "이성적 피조물"로 받아들이길 요구하지만, 콜린즈 같은 "너그러운" 남자에게 엘리자베스의 "진실한" 주장은 엉뚱하게도 "짐짓 꾸미는 태도affectation"나 "교태coquetry" 정도로 받아들여질 뿐이다. 이러한 단어들의 사용 속에는 당시 여성을 보는 남자들의 사고에 대한 제인 오스틴의 신랄한 비판이 내포되어 있다. 즉 여자를 자신과 똑같이 이성을 가진 인간으로 보는 것이 아니라 남자를 자극하기 위한 술수를 쓰는 2등 인간 정도로 치부하는 당시 사회의 여성관을 문제 삼고 있는 것이다.

콜린즈는 엘리자베스가 자기를 정말 거절했다는 것을 알게 되었을 때, 왜 그녀가 자신을 거절했는지 그 이유를 이해할 수가 없다. 항상 자신을 과대평가하여 온 콜린즈였기에 비록 자존심은 좀 상했지만, 그녀가 베넷 부인이 말한 대로 고집불통의 어리석은 여자라면 거절당했다고 후회할 것도 없다고 생각하고 만다. 그리고 베넷 가를 방문하여 저녁 식사를 하던 샬롯이 친절하게 해주자 바로 다음날 아침 그녀를 찾아가 청혼한다. 엘리자베스에게 청혼한 지 3일도 되지 않은 때였다. 서술자는 그의 "열정과 독립심the fire and independence of his character" 때문에 가능한 일이었다고 아이러니를 통해 풍자하고 있다.

콜린즈의 청혼을 받았을 때 샬롯은 바로 청혼을 받아들이고 어느덧 결혼날짜까지 정하고 만다. 왜냐하면 콜린즈의 타고난 어리석음을 알면서도 순전히 재정적인 안정을 위하여 청혼을 받아들인 샬롯으로서는 그와의 약혼기간courtship이 아무 매력이 없을 것을 잘 알고 있기에 빨리 결혼을 해치우고 싶었기 때문이다. 사실 남자로부터 청혼을 받고서야 비로소 그의 사랑을 확인할 수 있었던 당시에는 청혼을 받은 때부터 결혼하기까지의 시기가 여성으로서 가장 행복한 기간이었다. 그러나 여기서 샬롯은 콜린즈의 인물됨에 대한 아무런 기대도 없기 때문에 자신의 목적인 거처를 얻는 일에 매진하고 있는 것이다. 이에 대해 서술자는 샬롯이 그의 사랑이나 어떤 행복을 기대해서가 아니라 "순수하고 사심없는" 목적을 가지고 있어서라고 풍자적으로 표현하고 있다.

샬롯이 콜린즈의 청혼을 받아들인 후에 가족들이 보이는 반응은 당시 여성이 결혼을 통해 얻게 되는 것이 무엇인지 적나라하게 보여준다. 그들은 콜린즈의 인물됨이라든가 샬롯과 콜린즈의 사랑 따위에는 아무 관심이 없다. 딸에게 물려줄 것이 거의 없는 형편에서 콜린즈처럼 직업이 확실하고 앞으로 물려받을 재산이 있는 사람과 딸이 결혼하게 된 것을 매우 기쁘게 받아들이고 있을 뿐이다. 어머니인 루카스 여사는 베넷 씨가 얼마나 더 살지 계산해 보기 바쁘고, 루카스 경도 콜린즈가 롱번을 물려받으면 생길 이점을 생각하느라 바쁘다. 여동생들은 언니가 결혼하게 되었으므로 일이년 더 빨리 사교계에 나가게 되리라는 희망으로 기쁘고, 남동생들은 누나가 노처녀로 결혼하지 못한 채 자기들에게 의존하여 살까봐 더 이상 걱정하지 않아도 되어 기뻐하고 있다.

샬롯 자신은 콜린즈가 지각이 있는 사람도 아니고 유쾌한 사람도 아님을 잘 알고 있다. 또한 남자에 대해서나 결혼생활에 대해서 높이 생각하지도 않았다. 그러나 결혼만이 재정적인 안정을 얻을 수 있는 유일한 길임을 익히 알고 있었기에 항상 결혼을 목적으로 삼고 살아왔으며, 스물 일곱이라는 늦은 나이에 결혼을 하게 된 것을 큰 행운으로 생각하고 있다. 당시에 결혼은 교육은 잘 받았지만 재산이 별로 없는 젊은 여성들에게 유일하게 명예로운 식량 제공처였고, 행복을 가져다 줄 지 아닐지 확실치 않다고 해도 "결핍으로부터의 방부제preservative from want"였기에, 샬롯은 이제 그 방부제를 획득한 것을 행운으로 생각하는 것이다.

샬롯의 결혼에 기뻐하는 가족들의 모습이라든가 재정적인 안정만을 위하여 결혼을 하는 샬롯의 모습은 일차적으로 풍자의 대상이 되고 있는 것이 사실이다. 그러나 제인 오스틴은 당시 중산층 여성들이 결혼 외에 명예롭게 삶을 유지할 수 있는 길이 없는 상황에서 그들이 결혼을 목적으로 살아가고 형편없는 남자와 사랑없는 결혼을 감행하는 것을 냉소적으로 비판만 하고 있지는 않다. 오히려 샬롯이 결혼하게 된 것에 환호하는 가족들의 모습은 노처녀인 샬롯이 그들 모두에게 짐이었음을 반증하고 있으며, 이러한 상황에서 어떤 남자의 청혼이든 받아들일 수 밖에 없는 것이 샬롯의 잘못만은 아님을 보여주고 있다. 여자들이 놓여 있던 사회·경제적인 실상을 가장 잘 이해하고 있었을 뿐 아니라 몸소 체험해야 했던 제인 오스틴은 샬롯과 그녀의 가족의 태도를 한편으로는 풍자하면서도 다른 한편으로는 충분한 이해를 표명하는 것을 통해, 당시 여성들을 그러한 상황에 놓이게 만들고 있는 사회에 대한 비판을 감행하고 있는 것이다.

주해와 중요어구

<19장>

- a rational creature: 이성적 존재. 당시 많은 교육철학자나 행동지침서 작가들은 여성은 너무 감성적이고 연약하여 이성적이고 추상적인 사고

를 할 수 없는 존재라고 간주하였다. 이러한 당시 사고에 대해 울스튼크라프트나 매컬리Catharine Macaulay, 헤스터 샤폰 같은 여성 개혁자들은 여성이 이성적 사고가 가능한 존재이므로 이성적인 사고를 할 수 있도록 교육시켜야 한다고 주장하였다. 제인 오스틴은 여기에서 이러한 시대적 논의를 배경으로 엘리자베스의 입을 통해 여성을 "이성적 존재" 즉 남성과 다르지 않은 인간으로 존중해야 함을 주장하는 것이다.

<22장>

- courtship: 구혼 혹은 구혼 기간으로 해석되는데, 구혼 기간이라는 것은 남자가 여자에게 청혼하여 받아들여진 후 결혼 할 때까지의 기간을 의미한다. 그러므로 필자는 여기에서 약혼기간으로 해석하였다.

2권 1장-5장

줄거리

캐롤라인은 편지를 통해 빙리가 겨우내 네더필드로 돌아오지 않기로 확정했음을 알리며 다아시 양과 결혼할 것이라고 주장한다. 엘리자베스는 빙리가 다른 사람들에 의해 좌지우지되고 있다고 생각하고 캐롤라인을 비판하지만, 제인은 크게 실망하면서도 빙리의 편을 들고 캐롤라인에 대해서도 나쁘게 생각하지 않는다. 베넷 부인은 빙리의 태도에 크게 실망하지만, 베넷 씨는 제인이 버림받은 것에 대해서도 농담을 한다. 그들이 떠난 후 위컴에 대한 다아시의 행동이 모두에게 회자되어 비판받는다.

'The first part of Mrs. Gardiner's business was to distribute her presents.'

1895년 맥밀란 판 『오만과 편견』에 실린 씨 이 브록의 흑백 삽화_2권 2장_크리스마스를 지내러 롱번에 온 가디너 부인은 도착하자마자 먼저 선물을 풀어 조카들에게 나누어주며 런던의 최신 유행을 소개해주고 있다.

가디너 씨 부부가 크리스마스를 보내고자 롱번에 온다. 가디너 씨는 베넷 부인의 남동생으로 상업에 종사하고 있지만 매우 지적이며 예의범절도 바른 사람이다. 가디너 부인 또한 지적이고 우아한 여성으로서 엘리자베스의 상담자 역을 잘 해 주며, 제인과 빙리의 관계에 대해서도 좋은 조언을 해준다. 엘리자베스와 위컴의 관계가 가까운 것을 곧 알아차리지만, 위컴이 자신과 마찬가지로 더비셔 출신이라는 말에 그를 좋아하고, 다아시에 대한 좋지 않은 소문을 믿어버린다.

그렇지만 가디너 부인은 엘리자베스에게 돈 없는 위컴에게 너무 빠지지 말라고 충고하고, 엘리자베스는 최선을 다해보겠다고 약속한다. 가디너 부인의 초청을 받아들여 제인은 런던으로 가는데 거기서 캐롤라인의 실체를 깨닫게 되고, 엘리자베스의 판단이 옳았음을 알게 된다. 점차 위컴은 상속녀인 킹 양Miss King을 따라다니게 되고 엘리자베스에게 더 이상 관심을 쏟지 않는다.

샬롯은 콜린즈와 결혼하고 엘리자베스에게 꼭 켄트Kent에 있는 그들의 집 헌스포드를 방문해 달라고 하는데, 이에 따라 엘리자베스는 루카스 경과 머라이어Maria (샬롯의 여동생)와 함께 헌스포드를 향해 출발한다. 가는 도중 런던에 있는 가디너 씨 집에 들러 가

휴 톰슨이 1894년에 그린 삽화_2권 3장_샬롯은 결혼하여 켄트로 떠나기 전 엘리자베스를 찾아와 그들의 신혼집 헌스포드를 꼭 방문해달라고 부탁한다.

디너 부인과 제인을 만난다. 가디너 부부와 엘리자베스는 여름에 북부 호수 지역을 방문하기로 계획을 세우는데, 이것은 우울하던 엘리자베스의 마음을 들뜨게 한다.

다음날 엘리자베스 일행은 헌스포드에 도착한다. 콜린즈는 여전히 과장되고 젠체하는 태도로, 자기 집이며 가구들, 정원 등을 일일이 자랑한다. 마치 엘리자베스에게 자기의 청혼을 거절함으로써 무엇을 놓쳤는지 알게 하려는 듯 하지만 엘리자베스는 오히려 샬롯이 불쌍하다는 생각만 든다. 그런데 샬롯은 나름대로 잘 적응하고 있는 모습이다. 어느 날 큰 일이 난 듯 호들갑 떠는 머라이어를 쫓아가 보니 캐서린 여사의 영양 Miss de Bough이 집 앞에 와 있고, 엘리자베스 일행을 로징즈에 초청한다.

▒ 해설

2권의 1장은 빙리 가족이 겨우내 돌아오지 않기로 결정했다는 것을 빙리양의 편지로 알게 된 엘리자베스와 제인이 이 문제에 대해 생각하고 논의하는 것을 통해 두 인물의 사고방식을 대조시키고 있다. 엘리자베스는 빙리가 우유부단하고 결정력이 부족하기 때문에 주위 사람들의 "노예"가 되어서 자신의 행복을 희생시키고 제인의 행복까지 망쳐놓았다고 분노와 경멸을 느끼게 된다. 그러나 모든 사람을 좋게 생각하는 제인은 빙리가 준 상처에도 불구하고 그를 조금도 탓하지 않고 오히려 자기의 상상fancy에서 온 오류였고 상처받는 사람이 자기뿐이어서 다행이라고 말한다. 이에 엘리자베스는 제인이 정말 천사처럼 착한 데 대해 감탄하면서, 자기는 세상을 알게 될수록 더 세상에 실망하게 된다고 말한다.

엘리자베스의 실망감은 일차적으로는 빙리 때문에 생긴 것이지만, 또 한편으론 친구인 샬롯이 콜린즈와 결혼했기 때문이기도 하다. 지각 있는 샬롯이 거만하고 잘난 척하고 편협하고 어리석은 콜린즈와 결혼했다는 것을 받아들이기 어렵기 때문이다. 제인은 재정적인 형편이나 대가족의 일원이었던 점들을 고려할 때 샬롯의 결정은 신중한prudent 것이었다고 옹호하지만, 엘리자베스는 어떤 한 개인을 위하여 원칙을 변경하여 "이기심을 신중함이라고, 위험을 깨닫지 못하는 것을 행복을 위한 안전성이라고" 해서는 안된다고 반대한다.

여기서 엘리자베스와 제인의 대조를 통해 작가가 보여주려는 것은 무엇인가? 제인은 전형적인 착한 여자, 19세기의 전형적인 "가정의 천사Angel in the House"의 모습이다. 그러나 제인 오스틴이 제인을 이 작품의 주인공으로 하지 않는 데에도 나타나듯이 그러한 인물을 이상적인 여성상으로 제시하고 있지 않다. 엘리자베스처럼 스스로 무엇이 옳고 그른지 판단할 수 있는 능력을 갖는 것이 여성에게도 중요한 덕목이라 생각하기 때문이다.

그러나 이 시점에서의 엘리자베스는 아직 제인 오스틴이 이상적으로 그리는 인물이 되기 위해서는 부족한 점이 많다. 인간의 언행불일치의 면모를 파악할 수 있는 점에서는 잠재력을 가지고 있는 인물이지만, 인간의 사고와 행동 뒤에 있는 수많은 인간의 조건들에 대해 너무 단순화시킴으로써 폭넓고 너그러운 이해를 하고 있지 못하는 한계를 가지고 있기 때문이다. 서술자가 샬롯의 결혼에 대해 풍자 뿐 아니라 옹호를 해주었던 데 반해, 엘리자베스는 일방적으로 매도하고 있어서 아직 엘리자베스의 인간이해와 판단력이 미숙함을 보여준다.

샬롯의 결혼에서도 잠깐 등장하지만 '신중함prudence'의 문제가 이 부분에서 중요하게 다루어지고 있다. 먼저 가디너 부부가 크리스마스를 보내려고 롱번에 온 부분에서 특히 중요한 것은 엘리자베스가 위컴과 가깝게 지내고 있는 것에 대해서 가디너 부인이 그것의 '경솔함' 혹은 '신중치 못함imprudence'에 대해서 지적 하는 점이다. 외숙모인 가디너 부인은 엘리자베스에게 재산이 없는 위컴과 너무 가까이 지내는 것은 경솔한 것이라고 조언하면서, 너는 '지각sense'이 있는 사람이니 그 지각을 사용하기를 바란다고 충고한다. 그런 충고에 대해서 엘리자베스는 자기도 그것이 경솔한 것임을 안다고 하면서 과연 위컴과의 관계를 더 발전시키지 않는 것이 지혜인가 아닌가, 무엇이 옳은지 어떻게 판단할 수 있는가 하는 문제를 제기한다.

신중함Prudence은 서구인들이 중요시하는 "핵심 덕목cardinal virtues"의 하나이다. 고대이후 중시되어 온 공정함justice, 신중함, 절제temperance, 용기fortitude는 이 소설에서 엘리자베스가 획득해야 할 네 가지 핵심 덕목으로 제시되고 있다. 이 핵심 덕목 중에 특히 결혼과 관련하여 엘리자베스가 익혀야 할 것은 신중함과 절제이다. 엘리자베스가 가디너 부인의 충고를 받아들여 위컴과의 관계에 있어서 절제를 하는 것은, 엘리자베스가 핵심 덕목을 배워가는 것이라고 할 수 있다. 3장의 끝부분을 보면 위컴이 이제 할아버지의 재산을 상속받은 킹 양을 따라다니고 있음을 볼 수 있다. 다행히도 엘리자베스가 이 사실에 크게 상처받지 않는 것은 그동안 가디너 부인의 충고대로 위컴을 향한 마음에 절제를 발휘한 결과 경솔함에 빠지지 않았던 것으로 제시된다.

그런데 사실 '신중한 결혼prudent marriage'과 '돈을 위한 결혼mercenary marriage'의 문제는 그렇게 구분이 간단하지 않다. 올바른 결혼이 무엇인가에 대해 끊임없이 고민하는 제인 오스틴의 소설에 있어서 이 두 가지의 구분은 매우 중요한 것이지만, 당시 많은 여성들에게 안정적인 삶을 살아갈 수 있는 길이 결혼 밖에 없었기 때문에, 여성의 삶에 있어서 결혼의 의미가 경제적인 것과 밀접하게 연결되지 않을 수 없었기 때문이다.

제인 오스틴은 이 문제를 판단하는 데 있어서 흑백논리로 보기보다는 다양한 요소들을 고려하고 있다. 4장에서 엘리자베스는 가디너 부인에게 다음과 같이 질문한다.

> "외숙모, 결혼 문제에 있어서 돈을 목적으로 하는 동기와 신중한 동기 사이에 무슨 차이가 있어요? 사리분별이 끝나고 탐욕이 시작되는 곳은 어디예요? 지난 크리스마스 때 숙모님은 위컴이 나와 결혼하는 것이 경솔한 것이라고 반대하셨는데, 이제 그가 만 파운드 가진 아가씨와 결혼하려고 한다고 돈을 추구하는 사람이 아닌가 알아보려고 하시니 말이에요."

이에 대해 가디너 부인은 중요한 답을 한다. 킹 양이 어떤 종류의 아가씨인지를 알면 답할 수 있다는 것이다. 위컴이 킹 양과 결혼하려는 것이 그녀가 가진 돈이 목적인지 아니면 정말 킹 양을 사랑해서인지가 판단의 근거라고 보는 것이다. 즉 위컴이 킹 양을 사랑하는 마음, 아끼는 마음이 있어서 결혼하려는 것이라면 그것은 돈을 목적으로 하는 결혼이라고 할 수 없지만, 그러한 마음 없이 킹 양이 재산을 상속받았기 때문에 그녀와 결혼하려는 것이라면 그것은 돈을 목적으로 하는 결혼이라고 보는 것이다.

가디너 부인의 답은 킹 양이라는 사람이 어떤 사람인가, 위컴이 왜 그를 따라다니는가 등 다양한 상황을 고려해야 한다고 이야기 하고 있다. 가디너 부인이 그 결혼이 돈을 목적으로 이루어지는 것이라고 결론을 내리는 이유는, 킹 양이 할아버지가 돌아가셔서 재산을 상속하자마자 위컴이 쫓아다니기 시작했기 때문이다. 즉 위컴은 킹 양이라는 한 개인을 좋아해서라기보다는 그녀가 갖고 있는 돈을 좋아해서 결혼을 하려는 것이므로 돈을 목적으로 한 결혼을 하려는 것으로 보는 것이다. 이처럼 결혼의 다양한 형태에 대해서 가디너 부인이 제시하는 기준은 제인 오스틴의 입장을 대변하고 있다고 할 수 있다.

▒ 주해와 중요어구

<4장>

- the Lakes: 호수 지방the Lake District. 영국 잉글랜드 서북부의 Cumberland, Westmorland, Lancashire 세 주에 걸친 호수가 많은 산악 지방을 일컫는다. 경치가 좋기로 유명하며, 워즈워스, 코울리지, 사우디Southey 등이 이 지역에 살며 시를 읊어 더욱 유명해졌다. 이 시인들은 호반 시인the lake poets이라고도 불렸다.

2권 6장-10장

▒ 줄거리

캐서린 여사의 초청에 응해 엘리자베스 일행은 콜린즈 부부와 함께 로징즈를 방문한다. 콜린즈는 자신의 후원자(성직수여권자)인 캐서린 여사가 얼마나 부유하고 대단한 사람인지 알게 하려고 노력한다. 캐서린 여사는 그들이 열등한 사람들임을 느끼도록 권위적으로 행동하며 명령하기를 좋아하고 모든 일에 일일이 간섭하는 사람임이 드러난다. 엘리자베스에게 직접적이고 무례한 질문을 할 뿐 아니라 마음대로 평가하기도 한다. 윌리엄 경이나 머라이어와는 달리 엘리자베스는 주눅 들

휴 톰슨이 1894년에 그린 삽화_2권 7장_콜린즈는 로징즈에 온 다아시와 그의 사촌 피츠윌리엄 대령에게 문안인사를 하러 간다. 콜린즈를 따라 목사관을 방문한 다아시와 피츠윌리엄을 콜린즈가 안내하는 장면이다.

지 않고 캐서린 여사의 질문에 냉철하게 답할 뿐 아니라 무례한 질문이라고 생각되면 답을 피하기까지 한다.

윌리엄 경은 일주일 후 돌아가고 엘리자베스는 더 머무르는데, 어느 날 다아시가 사촌인 피츠윌리엄 대령과 함께 로징즈에 온다. 그 날 인사간 콜린즈를 따라 다아시와 피츠윌리엄은 콜린즈의 목사관을 방문하여 엘리자베스를 만난다. 일주일 후 로징즈에 초대받아 갔을 때, 엘리자베스는 피츠윌리엄과 활기있는 대화를 나누는데, 이에 다아시는 엘리자베스에게 이목이 끌린다. 엘리자베스가 다아시에게 허트포드셔에서의 첫 번째 무도회에서 거의 춤을 추지 않았음을 비판하자

휴 톰슨이 1894년에 그린 삽화_2권 10장_엘리자베스는 산책길에 편지를 읽다 우연히 피츠윌리엄 대령을 만난다. 이 만남을 통해 엘리자베스는 언니 제인과 빙리의 결혼을 막은 것이 다아시라는 사실을 알게 된다.

다아시는 낯선 사람들에게 가까이 다가가지 못하는 자신의 성격 때문이었다고 변명한다.

그 후 다아시는 혼자 혹은 피츠윌리엄과 함께 자주 목사관을 방문한다. 샬롯은 피츠윌리엄은 엘리자베스와 만나는 것이 좋아서 오는 것 같은데 다아시는 그의 태도로 보아 무엇 때문에 오는지 이해할 수 없다고 생각한다. 엘리자베스는 산보하는 길에서 세 번이나 다아시를 만난다. 어느 날 산보하는 길에서 피츠윌리엄을 만나 얘기 하던 중 다아시가 어떤 친구를 좋지 않은 조건의 여자에게서 구해주었다는 이야기를 듣게 된다. 엘리자베스는 곧 그것이 다아시가 빙리를 제인에게서 구해주었다는 의미임을 깨닫게 되어 대단히 분개한다.

해설

6장은 캐서린 여사의 집을 방문하는 일을 중심으로 귀족 계층의 문제점이 지적된다. 로징즈에 초청받아 가게 된 엘리자베스에게 콜린즈는 옷 때문에 걱정할 것 없다고 조언한다. 캐서린 여사는 자신이나 딸에게 어울릴 복장을 그들에게 요구하지 않는다면서, 그녀는 계층 구분이 지켜지기를 좋아한다고 설명한다. 그의 말은 캐서린 여사는 복장을 통해서 지위가 나타나는 것을 좋아하므로, 엘리자베스는 너무 좋은 옷을 입으려고 신경 쓸 필요 없다는 의미를 넘어 사실은 너무 좋은 옷을 입으면 안 된다는 뜻이다. 콜린즈의 말은 의도치 않게 당시 귀족계층이 좋은 복장을 통해서 부와 지위를 드러내고 자랑하려고 했던 것을 보여주고 있다.

역사적으로 18, 19세기는 종래의 귀족 중심 사회가 중산층 중심 사회로 바뀌는 전환기였다. 근대에 부르주아 계층이 재산을 형성하게 되면서 중산층이 부상하게 되는데, 18, 19세기에는 중산층의 목소리가 커지면서 귀족계층에 대한 비판이 점점 많아지게 된다. 캐서린 여사는 자신의 지위를 자랑하고 지위와 돈이 있다는 이유로 남들의 모든 것을 조정하려 하기에, 이 소설에서는 비판받는 귀족의 대표적 인물로 등장한다. 따라서 귀족이고 돈이 많다는 것 외에는 존경할 만한 요소가 하나도 없으면서 모든 존경을 요구하는 귀족 계층에 대한 비판이 캐서린 여사에 대한 묘사에 나타나 있음을 알 수 있다.

윌리엄 경이나 머라이어는 높은 계층의 사람을 만나러 간다는 자체에 두려움을 느끼지만, 엘리자베스는 캐서린 여사에 대해서 들었던 것을 종합해 보건대, 대단한 재능이나 특별한 미덕이 있는 것이 아니고 단지 돈과 지위가 있을 뿐이어서 공포를 느끼거나 당황할 필요가 전혀 없다고 생각한다. 즉 엘리자베스에게 있어서 높은 계층이나 돈이 많은 사람이라고 그 앞에서 당황하고 쩔쩔매는 것은 있을 수 없다. 그 전 사회에서는 출신, 혈통, 가문, 돈이 중요했을지 모르지만, 이제 돈과 지위를 가지고 태어나지 못한 사람이 귀족이라고 해서 그 사람 앞에서 벌벌 떨거나 공포를 느끼거나 무조건 존중해야하는 것은 아니다. 어떤 사람의 가치는 한 개인으로서 그가 존경할만한 사람인가 하는 점 즉 개인의 가치가 중요한 것이지, 어떤 가문에서 태어났는가가 가치의 기준이 되어서는 안 된다는 것이 엘리자베스의 생각이고 새로운 시대의 생각이라고 할 수 있다. 그런데 엘리자베스가 만난 캐서린 여사는 자신이 대단한 사람이라는 생각에 가득차서 잘난 척하고 명령조로 말하며 항상 남들로 하여금 낮은 계층임을 느끼게 하는 태도를 견지하는 모습이어서 비판의 대상이 되고 있다.

그렇다고 캐서린 여사의 모든 것이 비판의 대상은 아니다. 캐서린 여사가 엘리자베스에 대해 하는 지적 중에 몇 가지는 일리 있는 것들이다. 먼저 가정교사의 문제가 있다. 캐서린 여사는 베넷가의 딸들이 다섯 명이나 되는데 가정교사governess가 한 번도 없었다는 것에 충격을 받는다. 어머니가 고생을 많이 했거나, 딸들이 방치되었을 것이라고 한다.

놀라는 캐서린 여사에게 엘리자베스는 가정교사 없이도 다섯 자매가 충분히 공부할 수 있었다고 주장한다. 또 배우려는 마음만 있으면 방법은 많이 있었다고 하면서, 항상 책 읽기를 권장 받았으며, 많은 책을 읽을 수 있었다고 이야기한다. 엘리자베스는 아버지가 가지고 있는 서재에서 많은 책을 읽은 것으로 나온다. 그러나 문제는 배우기를 원하지 않는 딸들이 있었고 그들에게 교육이 매우 부족했던 것이 큰 문제였음은 후에 리디아를 통해 잘 드러나고 있다.

당시 가정교사를 두는 것은 딸을 교육시키는 중요한 수단이었기에 많은 집안에서는 가정교사를 두고 딸들을 교육하였다. 그런데 가정교사를 두지 않는다면 누가 딸들을 교육해야 했을까? 어머니가 했어야 하는데, 베넷 부인과 같은 어머니일 경우 딸들의 교육이 제대로 이루어질 수 있을까? 여성 교육의 문제는 이 작품에서 중요한 문제인데, 캐서린 여사의 비난을 통해 독자들은 다시 한 번 여성 교육의 문제를 생각하게 된다. 또한 당시 가정교사를 통해 여성들이 배웠던 것은 기껏해야 재예였기 때문에 이러한 여성 교육의 한계에 대한 비판이 많지만, 그나마도 제대로 교육되지 않아 아예 기본교육이 되지 않는 경우에 대해서는 우려를 표명하고 있는 것이 작가의 입장임이 암시되어 있다.

캐서린 여사가 놀라는 베넷가 딸들의 또 다른 문제점은 다섯 딸이 동시에 사교계society에 나왔다는 것이다. 사교계라는 것이 나쁘게 표현하면 결혼시장marriage market이라고 할 수 있는데 캐서린 여사는 결혼할 나이에 이른 언니들이 아직 결혼을 안 한 시점에 어린 막내까지 동생들이 한꺼번에 사교계에 나왔다는 점에 크게 놀란다. 이에 대해 엘리자베스는 나이든 언니가 결혼을 못했다고 해서 동생들이 결혼 할 기회를 얻지 못하는 것은 옳지 않다고 반론을 제기하고 있다. 두 사람의 견해 중 어느 쪽이 맞는지는 결정하기 쉽지 않다. 독자들은 캐서린 여사보다는 엘리자베스 편에서 생각하기 때문에 엘리자베스가 옳다고 생각하게 된다. 그러나 실제로 막내인 리디아가 작품 후반부에서 문제를 일으키는 데에 나타나듯이 나이 어린 딸마저 사교계에 한꺼번에 내보낸 베넷가의 행태에는 문제점이 없지 않은 것이다.

캐서린 여사가 엘리자베스에게 나이를 묻는데 엘리자베스는 사교계에 나온 동생이 세 명이나 되는 자신에게 나이를 묻는 것은 예의에 어긋난다고 생각을 하고 끝까지 대답하지 않는 것을 볼 수 있다. 먼저 나이를 물은 후 관계 형성을 시작하는 우리 문화의 관점에서 보면 캐서린 여사의 질문은 크게 무례한 것이 아니며 엘리자베스의 태도는 별로 긍정적으로 보이지 않는 면이 있다. 그러나 영국에서는 이 당시 이미 여성에게 나이를 물어보는 것, 더구나 지위도 높고 나이도 많은 캐서린 여사 같은 사람이 나이어린 엘리자베스에게 나이를 물어보는 것이 무례한 것으로 비춰지고 있음을 볼 수 있다. 물론 캐서린 여사의 질문에 대답하지 않는 것이 일반적인 태도로 그려지고 있지는 않다. 자신의 질문에 대답을 거부하는 엘리자베스를 보고 캐서린 여사는 매우 놀라고 있기 때문이다. 그러나 대답하지 않는 엘리자베스의 태도는 당돌하면서도 대담하고 독립적인 행동으로 그려지고 있다.

7장부터 10장은 플롯상 다아시의 청혼을 향하여 나아가고 있는 부분이다. 다아시와 피츠윌리엄이 로링즈에 머물면서 엘리자베스와 만날 기회가 늘어나고 다아시는 엘리자베스와 점점 가까와진다. 다아시의 마음을 눈치채고 있는 독자들로서는 그가 콜린즈의 목사관을 자주 찾아오는 것이 엘리자베스 때문임을 쉽게 추측할 수 있지만, 엘리자베스로서는 그의 태도를 통해 그의 마음을 알아내기란 쉽지 않다. 그가 오는 것이 엘리자베스 때문이라고 생각하고 싶은 샬롯에게 조차 그의 행동은 이해가 되지 않기 때문이다. 샬롯이 나름대로 분석을 했을 때, 피츠윌리엄은 샬롯이나 엘리자베스와 만나는 것을 좋아해서 오는 것이 분명한데, 다아시는 와서 말도 안하고 우울한 모습만 보여 사람들을 불쾌하게 만들면서 왜 자꾸 오는 것일까 이해할 수 없다.

이 소설을 읽으면 "다아시가 너무 멋있다. 이렇게 멋있는 남자가 좋아하는데 왜 엘리자베스는 모르는거야"라고 생각할 수도 있다. 그런데 다아시가 하는 행동은 결코 바람직하지 않은 모습으로 그려지고 있음을 인식해야 한다. 오만과 편견을 가지고 있는 다아시와 엘리자베스 두 사람은 똑같이 교정되어야 할 두 인물로 나오고 있다. 다아시가 엘리자베스에게 청혼을 거절당하는 것은 응분의 벌로 생각될 수 있을 정도이며, 이러한 시련을 당하면서 자신을 고쳐갔을 때에만 비로소 엘리자베스 — 교정된 엘리자베스 — 에게 적합한 배우자로 거듭날 수 있는 것이다. 이떤 면에서 다아시는 캐서린 여사만큼은 아니라 할지라도 캐서린 여사가 비판받는 점들을 상당히 닮아있는 면들을 가지고 있다. 다아시의 단점을 조금 더 확장시키면, 캐서린 여사가 되는 것이다. 다아시가 가지고 있는 것, 즉 그의 지위, 부, 장점 뿐 아니라 그의 단점을 이 부분에서 제대로 보아야 청혼 장면의 의미를 제대로 이해할 수 있을 것이다.

▒ 주해와 중요어구

<6장>

- governess: 여자 가정교사. 남자아이들을 가르치는 남자 가정교사는 "tutor"라고 불렸고 여자아이들을 가르치는 여자 가정교사는 "governess"라고 불렸다. 당시 남자아이들이 가정교사에게 교육을 받을 뿐 아니라 grammar school을 다니며 좋은 교육을 받았던 반면에 여자아이들은 대부분 가정에서 교육을 받는 것이 전부인 경우가 많았으므로 "governess"의 교육에 대한 많은 논의가 19세기에 활발히 이루어졌다. 더구나 가정교사는 당시 중산층 여성이 가질 수 있는 거의 유일한 직업이었기 때문에, 19세기 영국에서 이루어진 가정교사에 관한 논의는 여성 교육뿐 아니라 여성의 직업, 여성의 지위 등 많은 여성 문제와 연결되어 있는 중요한 것이었다.

2권 11장-14장

줄거리

빙리가 제인을 떠난 이유가 다아시 때문이라는 것을 알고 화가 잔뜩 나있는 엘리자베스에게 다아시가 찾아와 청혼을 한다. 사랑하지 않으려 노력했으나 사랑할 수밖에 없었다면서, 엘리자베스 주위의 사람들이 열등하여서 청혼을 망설일 수밖에 없었다고, 청혼이 거절 되리라는 생각은 전혀 하지 않은 채 오만한 태도로 말한다. 엘리자베스는 차갑게 거절하고, 분노로 창백해진 다아시는 이유를 묻는다. 엘리자베스는 제

휴 톰슨이 1894년에 그린 삽화_2권 11장_제인의 일로 분노한 엘리자베스에게 다아시가 찾아와 오만한 태도로 청혼을 하고 엘리자베스는 일언지하에 거절한다.

인과 빙리를 헤어지게 한 일, 위컴을 가난에 떨어뜨린 행동, 특히 그의 거만한 태도를 비판한다. 즉 신사답지 못한 태도, 오만과 자만, 다른 사람들의 감정에 대한 이기적 경멸 등 때문에 그와 결혼할 수 없다고 대답한다.

다음 날 아침 산보를 나간 엘리자베스는 다아시로부터 직접 편지를 받는다. 그 편지에는 엘리자베스의 두 가지 비판에 대한 해명이 적혀 있었다. 첫째, 제인과 빙리를 헤어지게 한 데에 대해서는, 사실 자기가 그랬는데 제인이 빙리에 대해 무관심하다고 보았기 때문에 빙리를 열등한 결혼에서 구하고자 했다고 해명한다. 둘째로 위컴의 미래를 망쳤다는 데 대해서는 자세하게 그간의 사정을 설명한다. 위컴의 아버지는 다아시 아버지의 재산관리인이었는데, 다아시의 아버지가 그를 좋게 보아

"Will you do me the honour of reading that letter?"

1895년 맥밀란 판 『오만과 편견』에 실린 씨 이 브록의 흑백 삽화_2권 12장_청혼을 거절당한 다음 날, 다아시는 엘리자베스를 찾아와 밤새 쓴 편지를 전해주며 읽어달라고 부탁한다.

케임브리지 대학까지 보내는 등 신사의 교육도 시키고 많은 혜택을 주었다. 그런데 다아시의 아버지가 돌아가신 후 위컴은 다아시의 아버지가 유언한 성직자가 되는 권리를 포기하겠다며 대신 법률을 공부하겠다고 돈을 요구하여 다아시는 3,000파운드를 주었었다. 위컴은 몇 년 후 방탕으로 돈을 다 없앤 후 다시 성직자가 되겠다고 왔지만 다아시는 이를 거절했다고 설명한다. 뿐만 아니라 위컴은 지난 여름 다아시의 동생인 15살의 조지아나를 꼬여 도주하려고까지 했었음을 밝힌다.

다아시의 편지를 읽을 때 엘리자베스는 처음에는 완전한 편견에 쌓인 채 읽었으나 다시 읽고 또 읽을 때 위컴과의 관계에 대해 점차 이해하게 되고, 다아시에 대한 편견 때문에 위컴의 말을 무조건 믿은 자신이 얼마나 어리석었나 하는 깨달음에 도달한다. 그 후 제인과 빙리 부분에 대한 설명도 이해가 가기 시작한다.

다아시와 피츠윌리엄은 다음날 아침 로징즈를 떠나고, 일주일 후 엘리자베스도 총 6주간 머물렀던 콜린즈의 목사관을 떠나게 된다.

▒ 해설

이 부분은 이 소설에서 가장 인상깊은 장면들로 이루어져 있을 뿐만 아니라 가장 의미있는 부분이기도 하다. 다아시의 청혼과 엘리자베스의 거절, 다아시의 해명 편지와 이것을 읽으며 자기 자신을 깨닫게 되는 엘리자베스의 성장의 출발점이 위치해있기 때문이다.

먼저 다아시의 청혼을 살펴보면 부와 지위를 가진 남자로서의 교만함이 드러나고 그런 것이 없는 엘리자베스에 대한 무시 또한 나타난다. 다아시의 청혼의 첫마디는 "난 헛되이 고생했소. 하지만 안 되더군. 내 감정을 누를 수가 없었소"이다. 그는 사랑 고백에 앞서서 먼저 그 사랑을 누르려고 정말 노력했으나 안돼서 할 수 없이 청혼하러 왔다고 말하고 있는 것이다. 그 다음에 자기가 어떻게 느꼈는지 어떻게 사랑했는지를 설명하지만, 사랑에 대해서 말하는 것 못지않게 자신의 프라이드에 대해서 이야기하고 있다. 엘리자베스의 열등함, 그런 결혼이 가져오는 지위의 하락, 그녀의 가족이라는 장애물, 이런 것들을 극복하기가 얼마나 힘들었는지에 대해 줄줄이 말하고, 엘리자베스를 사랑하는 마음을 억누르려고 얼마나 고생했는지를 열심히 설명하면서 자기의 청혼을 받아들임으로써 그동안 고생했던 것을 보상해달라는 식으로 자신의 고생에 초점을 맞추어 청혼하고 있다.

이는 다아시가 당연히 자기의 청혼이 받아들여지리라고 생각하고 있음을 보여 준다. 청혼이 받아들여지지 않을까봐 걱정하는 듯한 말을 하긴 하지만, 그런 말을 할 때에조차도 그것은 말뿐이었고 표정으로 보아서는 전혀 불안감을 가지고 있지 않다. 이처럼 다아시가 엘리자베스에게 청혼할 때 자기가 거절되리라는 상상을 하고 있지 않는 것은 콜린즈와 크게 다르지 않은 태도이다. 엘리자베스는 가진 것이 없는 여자이기 때문에 부와 지위가 있는 사람으로부터 청혼을 받으면 쉽게 수락할 것이라는 남자들의 일반적인 생각이 다아시에게도 반복되고 있는 것이다.

그러나 엘리자베스는 다아시의 예측과는 전혀 다르게도 냉정하게 거절하고 만다. 차가운 거절을 받은 다아시는 당황할 뿐 아니라 화가 나서 거절의 이유를 묻고, 엘리자베스는 세 가지 이유 때문에 청혼을 거절한다고 답한다. 첫째는 무엇보다도 제인의 행복을 가로챈 것을 비판하는데, 이에 대해서 다아시는 하나도 감추지도, 크게 미안해하지도 않고 자신이 한 일임을 밝힌다. 둘째는 위컴의 미래를 망쳐놓은 것 때문이라고 지적하는데, 다아시는 엘리자베스가 자신을 다른 사람에게 부당하게 피해를 주는 그런 남자로 보는 것에 대해 충격을 받고, “이것이 당신이 나를 보는 관점이오!”라고 외친다.

엘리자베스는 한 걸음 더 나아가 그의 오만함과 신사답지 못함 때문에 그와 결혼할 수 없다고 지적한다. 당신이 "좀 더 신사다운 태도a more gentleman-like manner"로 청혼했더라면 더 부드럽게 거절할 수는 있었겠지만, 결코 받아들이지는 않았을 것이라고 엘리자베스가 말하자 다아시는 움칠한다. 자신이 신사답지 못하다는 비판에 가장 큰 충격을 받은 것이다. 계속해서 엘리자베스는 처음 봤을 때부터 그의 매너를 통해 그가 오만하고 자만심에 가득 찼으며 다른 사람의 감정을 이기적으로 경멸하는 사람이라고 생각하게 되어 그를 싫어했으며, 만난 지 한 달도 되지 않아 절대 결혼하고 싶지 않은 인물로 결론 내렸다고 말한다.

다아시의 청혼과 엘리자베스의 거절이 묘사되는 11장은 이 소설에서 두 주인공의 사랑과 미움과 갈등이 가장 극명하게 드러나는 장면이 배치된, 가장 흥미있으며, 오래 기억되는 장이다. 그런데 보통 클라이막스가 위치하는 후반부에 놓이는 청혼과 거절의 장면이 이 작품에서는 정중앙에 위치해있다. 내용상 클라이막스에 위치시킨 후 서로 오해를 풀고 잘못을 깨닫고 화해하고 결혼하면 될 것 같지만, 제인 오스틴은 그렇게 위치시키지 않고 이 소설의 정 가운데에 이 장면을 위치시켰다. 이 소설이 나아가는 목표가 결혼 자체가 아니라 더 중요한 것이 있기 때문이다. 즉 이 부분은 주인공들이 자기자신을 들여다보고 깨달음을 얻고 성장을 시작하는 출발점에 불과하며 결혼은 주인공들이 이루어내는 성장에 따른 보상reward의 성격이 강하기 때문이다.

12장은 바로 엘리자베스의 성장이 시작되는 부분이다. 엘리자베스에게 냉정하게 거절당한 다아시는 밤새워 쓴 편지를 그 다음날 엘리자베스에게 직접 준다. 그의 편지를 읽으며 엘리자베스는 점차 깨달음을 얻게 되는데 그것은 크게 3가지라고 할 수 있다. 즉 다아시가 요구하는 공정함, 엘리자베스 자신이 주장하는 이성적 존재로서의 판단력, 그리고 무엇보다 자기자신을 알게 되는 자아인식의 깨달음이다.

먼저, 엘리자베스는 다아시의 편지를 읽으면서 공정함이라는 미덕을 배우게 된다. 이 소설이 엘리자베스가 4대 핵심 덕목인 공정함, 신중함, 절제, 용기를 배워가는 것이라는 점을 위에서 언급한 바 있다. 이 부분에서 그녀가 공정함을 획득하게 되는 것은 사실 다아시의 요청에 의해서이다. 다아시는 편지를 통해 자기가 다시 청혼을 하여 괴롭히는 일은 없을 것이라고 하면서, 자기의 편지를 읽기가 싫겠지만 그래도 "공정하게 그 편지를 읽어 줄 것을 요청"한다. 엘리자베스가 이 편지를 읽고 모든 상황을 제대로 이해하고 올바른 결론에 도달하는 것은 공정성이라는 미덕을 획득하게 되는 과정이라 할 수 있다. 엘리자베스가 처음 다아시의 편지를 읽었을 때는 여전히 편견에 근거해서만 상황을 이해하려 들며 공정하게 판단할 생각을 전혀 못한다. 더구나 다아시 역시 반성의 기미나 유감을 표시하지도 않고, 여전히 건방지고 자만심에 가득 찬 편지를 쓰고 있었다. 사실 다아시가 모든 면에서 자신보다 지위가 떨어지는 여성에게 거절과 모욕을 당하고 갑자기 후회에 가득 차 겸손해질 수는 없었다. 다아시로서는 억울한 비난을 받았기에 적어도 그런 오해는 받지 말자고 상황을 설명하는 단계니까 그러한 그의 마음 상태가 편지 스타일에 반영되는 것도 자연스러운 일이겠으나 엘리자베스 입장에서는 그 부분이 기분 나쁠 수밖에 없다. 그러나 내용에 있어서 다아시는 정확하고 공정하게 쓰고 있고, 엘리자베스에게도 이런 태도를 요청하고 있다.

둘째로, 다아시의 편지를 반복하여 읽으면서 엘리자베스는 판단력을 발휘하게 된다. 엘리자베스의 양쪽에는 서로 반대되는 주장이 놓여있다. 위컴은 위컴대로, 다아시는 다아시대로 각각 자신의 주장을 하고 있는데, 과연 이 중에서 어느 쪽이 옳은 것인지 판단을 내릴 수 있는 능력을 이 작품은 엘리자베스에게 요구하고 있다. 즉 소설 속에서 여러 장점을 가지고 있음에도 불구하고 판단력이 결여되어 있기 때문에 엘리자베스보다 열등한 인물로 나오는 제인을 상기한다면, 작가가 엘리자베스를 통해 이성적인 판단력을 강하게 요구하고 있음을 알 수 있다. 양쪽에서 각자 자기주장을 할 때 어떤 주장이 옳은지를 정확히 판단하는 능력이 엘리자베스에게 요구되고, 엘리자베스는 이 편지를 읽으면서 이 판단을 시작하게 되는 것이다.

오스틴은 엘리자베스가 정확한 판단에 이르게 되는 추론 과정을 자세히 보여주고 있다. 그 동안 위컴이 했던 말과 행동 사이의 모순, 다아시가 보인 태도와 그가 편지에서 설명하고 있는 말을 보아서 과연 누가 옳고 누가 그른지를 엘리자베스가 추론해 가는 과정이 자세히 설명된다. 엘리자베스는 위컴이 더비셔에서 한 행동에 대해서 알려진 것이 아무 것도 없고, 위컴 자신이 말한 것 밖에 없었다는 사실을 깨닫는다. 단지 외모, 목소리, 매너 때문에 위컴을 좋은 사람으로 생각했고, 반대로 첫인상이 좋지 않았던 다아시는 나쁜 사람으로 생각했었다. 그런데 위컴의 태도나 말은 모두 매력적이었지만, 실질적인 선함을 떠올릴 수는 없다. 게다가 위컴의 말과 행동이 달랐던 점이 생각나기 시작한다. 다아시에 대해 다시 생각해 보니 매너는 거만해 보이고 억압적이었지만, 무원칙하거나 불공정한 경우는 보지 못했으며, 불경건하거나 부도덕했던 적도 없었다는 것을 깨닫게 된다. 그러므로 위컴은 다아시가 자신에게 불공정하게 성직록을 주지 않았다고 주장했으나 사실일 가능성이 별로 없어 보인다. 이렇게 그 사람이 주장하고 있는 말만으로 판단하던 태도를 버리고, 그 사람의 말과 평소 행동이 일치하는지, 그 사람의 주장에는 근거가 얼마나 있는지를 추론해 가면서 엘리자베스는 자신이 잘못 판단해왔음을 깨닫게 된다.

셋째로, 엘리자베스가 얻는 가장 커다란 깨달음은 자기 자신을 알게 되는 것이다. 판단력 있다고 자부심을 가졌던 엘리자베스가 두 사람을 정반대로 평가했다는 사실을 깨닫고, 자신의 언니가 판단력이 부족하다고 생각했었는데 사실은 자신이 정말 판단력이 없었음을 알게 되면서,

“그녀는 자신에 대해 철저한 수치심을 느낀다She grew absolutely ashamed of herself.” 엘리자베스는 다아시고 위컴이고 간에 그들이 문제가 아니라 오히려 자신이 “눈멀고 편파적이며 편견에 가득 찼으며 불합리blind, partial, prejudiced, absurd” 했음을 깨달으며, 이런 사실을 알게 된 것은 너무나 창피한 일임을 느낀다“How humiliating is this discovery!”. 더구나 사랑에 빠진 것도 아니면서 이러한 판단의 오류를 저지른 것은 허영심vanity 때문이었다고 절감한다. 콜린즈의 청혼을 거절할 때 자신을 “이성적 존재”로 봐달라고 주장할 정도로, 이성을 사용할 수 있는 능력이 있는 여성임을 자부했던 자신이 이성적 판단과는 거리가 먼, 편견과 무지에 빠졌었다는 사실을 뼈저리게 깨닫는다. 그리하여 도달하는 최종적인 깨달음은 다음 한 문장으로 요약되고 있다.

> “이 순간까지, 나는 나 자신을 몰랐다(Till this moment, I never knew myself).”

이것이 엘리자베스의 깨달음의 절정이라고 할 수 있다. 한없이 ‘작은 나’를 발견하는 이 깨달음의 순간은 직접화법에 의해 강조되어 있다. 제인 오스틴이 인물의 사고를 드러낼 때 자유간접화법을 효과적으로 사용하여 자연스럽게 전달하는 수법을 발달시켰지만, 이 경우에는 오히려 엘리자베스가 직접 말하는, 직접화법을 사용하여 그녀의 깨달음을 강조하고 있는 것이다.

자기 자신에 대해 아는 것은 철학적으로도 중요한 의미를 지니고 있다. ‘너 자신을 알라’는 것은 소크라테스가 한 말로 널리 알려져 있지만, 이 고전적 진리는 계몽주의 시대의 핵심적 화두이기도 하였다. 인간이 이 세상에서 어려움을 겪는 것은 무지 때문이라고 본 계몽주의의 발전 속에서, 주인공들이 무지 속에 자신의 모습을 직시하지 못한 채 오류에 빠지고 삶에서 좌절하는 모습을 보이는 것은 그들이 성숙 혹은 성장을 위하여 겪는 핵심적인 과정이다. 제인 오스틴은 엘리자베스를 통해 한

없이 '작은 나'를 제대로 볼 수 있을 때에만 진정한 성장이 시작됨을 보여주고 있다.

주해와 중요어구

<12장>

- preferment: 성직자우선권. 영국 국교에서 성직록을 받을 수 있는 우선적인 권리를 의미함. 본문에서 위컴을 아꼈던 다아시의 아버지는 위컴이 성직을 맡는 경우 자리가 생기는 대로 상당한 성직록을 보장해주라는 유언을 남겼다. 그러나 위컴은 목사가 되고 싶지 않고 법률을 공부하고 싶다면서 다아시의 아버지가 유언한 "preferment" 대신에 금전적 보상을 요구했다. 다아시는 위컴이 목사가 되기를 포기하는 대신 그 보상으로 그에게 3,000파운드를 주었다.

2권 15장-19장

줄거리

엘리자베스가 헌스포드를 떠나는 날 아침 콜린즈는 그동안 그녀를 즐겁게 하기 위하여 최선을 다했다고 말하면서, 특히 로징즈를 자랑하고 자기와 샬롯은 서로 잘 맞는다며 엘리자베스도 자기들처럼 좋은 결혼을 하라고 말한다. 콜린즈의 장황한 말은 엘리자베스가 자기의 청혼을 거절함으로써 놓친 것이 무엇인지 알게 하려는 것 같다. 그러나 엘리자베스는 오히려 콜린즈 같은 사람 곁에 샬롯을 두고 떠나는 게 더욱 가슴 아파진다.

휴 톰슨이 1894년에 그린 삽화_2권 15장_헌스포드를 떠나는 엘리자베스를 콜린즈가 배웅하고 있나. 그는 엘리자베스가 로징즈의 귀부인들에게 인사말을 남기지 않았음을 일깨우며 자신이 작별인사를 공손하게 전해주겠다고 제의한다.

엘리자베스는 헌스포드를 떠나 런던에 있는 가디니 외삼촌 댁에 들러 거기 머물고 있는 제인을 만나 함께 집으로 돌아온다. 리디아는 호들갑스럽게 위컴의 소식을 전해준다. 즉 킹 양이 떠나 이제 위컴은 안전해졌다는 것이다. 리디아는 메리튼에 머물던 장교들이 2주 후에 떠나기 때문에 그들이 가는 브라이튼으로 온 식구가 가서 여름을 지내자는 계획을 세우고 관철시키려 노력 중이다.

엘리자베스는 제인에게 다아시가 청혼했던 사실과 그가 보낸 편지에 대해 (빙리와 관계된 부분만 뺀 채) 자세히 이야기해 준다. 제인은 위컴이 그렇게 나쁜 사람이란 걸 믿을 수 없어 한다. 엘리자베스와 제인은 위컴이 곧 떠날 것이므로 그에 관한 사실을 사람들에게 말하지 않기로 결정한다.

리디아와 키티는 장교들이 떠난다고 매일 한탄한다. 그러다 리디아가 최근에 한 장교와 결혼한 포스터 부인Mrs. Forster으로부터 브라이튼에 함께 가자는 초청을 받고 너무 좋아한다. 엘리자베스는 아버지에게 리디아를 브라이튼에 가게 하는 것이 위험하다고 지적하며 허용하지 말아달라고 간청하지만, 베넷 씨는 리디아는 돈이 없으므로 위험하지

휴 톰슨이 1894년에 그린 삽화_2권 18장_리디아는 브라이튼에서 장교들에게 둘러싸여 있는 자신의 모습을 상상하며 즐거워한다.

않을 것이라며 리디아를 막아봐야 시끄러울 뿐이라고 말한다.

엘리자베스는 베넷 씨가 잘못되고 있는 집안일을 방관하면서 오히려 즐기고 있는 것이 잘못된 일임을 아프게 절감한다. 리디아가 브라이튼으로 떠난 후 베넷 부인과 키티의 탄식이 계속되고 그것을 듣는 엘리자베스는 너무 괴롭다. 유일한 희망은 가디너 부부와 호수지방을 여행하기로 한 계획이다. 그런데 가디너 씨의 형편 때문에 더비셔까지만 가기로 계획이 바뀐다. 더비셔에 도착했을 때 가디너 부인은 어린 시절 살았던 램튼Lambton시를 방문한 후, 램튼과 5마일도 떨어져있지 않은 펨벌리에 가보기를 강렬히 원한다. 다아시의 집인 펨벌리에 갔다가 혹시라도 다아시를 만나게 될까봐 엘리자베스는 꺼렸지만, 지금 펨벌리에 주인이 머물고 있지 않다는 정보를 얻고 마지못해 펨벌리 방문에 동의한다.

해설

엘리자베스로부터 위컴에 대한 이야기를 들은 제인의 반응은 판단을 하지 않으려는 제인의 성격을 잘 드러내고 있다. 항상 모든 사람을 좋게 보는 제인으로서는 위컴이 사악한 사람임을 결코 믿을 수 없어 한다. 따라서 다아시와 위컴 두 사람 중 누가 옳고 그른가를 판단하려 하지 않고, 무언가 잘못된 것이 있을 것이라면서 두 사람 다 별 잘못이 없는 것으로 생각하려고 노력한다. 두 가지 모순된 주장이 있을 때 양자 간에 무엇이 옳은지 판단하려는 엘리자베스와 달리 판단을 유보하는 것이 제인인 것이다.

엘리자베스는 위컴과 다아시를 비교하면서 "외양과 실제appearance vs reality"의 문제를 거론한다. 두 사람 사이에 교육이 잘못됐다고 말하면서, 한 사람은 선함을 가지고 있고, 다른 한 사람은 그것의 외양을 가지고 있다고 말한다. 무엇이 외양에 불과하고 무엇이 사실인가 하는 외양과 실제의 문제는 철학적이며 인식론적인 논쟁의 핵심에 있는 중요한 논제이다. 엘리자베스는 외양만 보고 위컴과 다아시를 평가했던 것인데, 외양을 뚫고 진정한 진실을 볼 수 없었음을 뼈아프게 고백하고 있는 것이다. 물론 외양과 실제의 문제는 이 작품에서 남자를 평가하는 데 있어서 중요한 문제로 제시되고 있지만, 이 문제는 더 큰 맥락 속에서 인식론의 핵심 주제이기도 한다. (인식론에 관한 문제는 "VI. 작품 해설" 참조)

이 부분에서 중요하게 다루어지는 또 하나의 주제는 엘리자베스가 베넷 씨로 부터 정신적 독립을 이루어가는 문제이다. 리디아와 키티는 장교들이 떠난다고 매일 한탄을 하고, 리디아는 포스터 부인과 브라이튼으로 가게 되는데, 엘리자베스가 여기서 자기 가족에 대한 다아시의 지적이 맞았다고 느끼면서 아버지에게 리디아를 막아달라고 요청하는 부분이 있다. 엘리자베스는 아버지를 설득하려고 여러 가지 설명을 한다. 특히 엘리자베스는 "이 세상에서 우리의 중요성, 우리의 사회적 지위respectability"가 리디아의 무분별한 행동으로 인해 영향을 받을 수 있다고 지적한다. 절제를 모르고 무분별한 행동이 잘못임을 느끼지 못하는 리디아가 가족 전체의 명예에 영향을 줄 수 있다고 이야기하는 것이다. 그리고 그것을 막아줄 수 있는 사람은 아버지 밖에 없다고 간청한다.

아버지는 이에 대해서 리디아를 브라이튼으로 보내주지 않으면 우리 집안에 평화가 없을 것이라고 하면서 가게 두자고 한다. 또 리디아는 너무나 가난하니까 아무도 접근하지 않을 것이라고 낙관적으로 이야기 한다. 베넷 씨는 집안의 중심을 잡아주어야 할 사람이지만, 이런 일을 막았다가 부인과 딸들에게 시달리기 싫어서 잘못된 결정을 내리고 있는 것이다. 하지만 베넷 씨의 이런 결정은 실수라기보다는 귀찮은 일은 피하고자하는 그의 일관된 태도의 산물이라고 할 수 있다. 엘리자베스는 아버지의 판단력을 믿고 아버지에게 의존해 왔는데, 올바른 판단력이 있으면서도 귀찮다는 이유로 올바른 행동을 취하지 않는 아버지에게 크게 실망하게 된다.

제인 오스틴은 이 부분에서 서술자의 설명을 통해 베넷 씨에 대한 분석을 추가하고 있다. 19장의 첫 문단은 베넷 씨에 대한 분석이다. 지금의 베넷 씨로 봐서는 베넷 부인에 대한 사랑에 빠졌을 것 같지가 않다. 언제나 풍자의 대상으로만 삼고 있으니까. 그런데 베넷 씨는 베넷 부인의 젊음과 미모, 그리고 젊음과 아름다움이 부여하는 "appearance of good humour"에 사로잡혔었다. 베넷 부인이 젊음과 아름다움 때문에 마치 좋은 성격의 소유자인 것처럼 보였는데, 이것이 외양에 불과하다는 것을 모른 채 그녀와 결혼하게 되었다는 것이다. 여기도 외양이라는 단어가 다시 사용되고 있다. 그러나 베넷 씨는 결혼하고 얼마 되지 않아 그녀의 이해력 부족과 편협한 마음 때문에 그녀에 대한 사랑을 잃어버리게 되었다고 한다. 그래서 결혼에서 몹시 중요한 요소들인 아내에 대한 존중, 존경, 신뢰를 모두 잃어버리게 되었고 결혼이나 가정에서의 행복은 없어져 버리고 말았다. 이것은 그 자신의 신중하지 못함 때문에 온 것임을 잘 알았기에, 결혼생활에 실망하였다고 다른 쾌락을 추구하거나 하지는 않았지만, 대신 시골을 즐기고 책을 읽었고, 또 한 가지, 아내를 조롱하는 데서 즐거움을 얻었다고 한다. 즉 아내의 무지나 어리석음에 대해 조롱하는 것에서 즐거움을 느낀 것인데, 이것은 아내를 통해서 찾을 법한 즐거움은 아니지만, 다른 모든 즐거움을 잃은 상태에서 여기에서나 즐거움을 얻고자 하는 것이다.

베넷 씨에 대한 분석에서 몇 가지 엘리자베스와 유사한 점들이 발견된다. 즉 외양과 실제를 제대로 구분하지 못했던 점, 그리고 그 결과 신중하지 못한 결혼을 하게 된 점, 다른 사람들의 무지나 어리석음을 놀리기를 즐기는 점 등이 그것이다. 엘리자베스는 현재 이러한 단점들을 극복하고 성장해 가고 있는 중이다. 그렇기 때문에 아버지의 그런 부족한 면들을 정확히 볼 수 있는 능력이 생긴 것이라고 할 수 있다. 전에도 엘리자베스는 아버지가 남편으로서 적합하지 않은 행동을 하고 있음을 몰랐던 것은 아니다. 그러나 아버지가 자신을 높이 평가해 주고 사랑해 주었기에 아버지의 단점에 대해 예민하게 느끼지 못했던 것이다. 하지만 지금은 아버지의 단점이 가진 문제점에 대해 깨닫기 시작한다. 베넷 씨가 자신의 재능을 올바르게만 사용하였더라면 적어도 딸들을 제대로 교육시킬 수 있었을 텐데, 자신의 재능을 아내를 놀리는 데나 사용하고, 아내와 비슷한 딸들을 놀리는 데 쓰면서, 거기에서 재미를 느끼며 살고 있는 것이 문제임을 예리하게 볼 수 있게 되었다. 그동안 아버지의 약점을 모르지는 않으면서도 아버지에게 종속되어있던 엘리자베스는 이제 아버지의 약점이 온 가족에게 미친 해악을 직시하면서 정신적으로 독립해 가고 있다.

▒ 주해와 중요어구

<18장>

- respectability: 존경할만함 혹은 상당한 사회적 지위. 종래에 귀족 aristrocracy 중심의 영국 사회에 중산층이 형성되면서 기존에 중시된 혈통보다 도덕적 가치를 포함하는 "respectability"가 중요한 가치로 인식되었다. 이 소설의 여러 곳에 등장하는 이 단어는 직역하면 "존경할만함"인데, 도덕적으로 올바르고 예의범절도 바르고 취향도 멋있는 존경받을 만한 사회 지도층의 모습을 포괄하고 있는 단어이며, 그에 따르는 사회적 지위를 의미하는 단어이기도 하다. 후에 이 단어는 사회지도층이 외양만 그럴듯하게 보이려는 노력을 하는 것을 가리키는 말로 비판의 대상이 되기도 하지만, 제인 오스틴의 시대에는 긍정적인 의미로 사용되고 있다.

3권 1장-4장

줄거리

가디너 부부와 펨벌리를 구경하러 간 엘리자베스는 펨벌리의 아름다움과 취향에 감탄하게 되고, 다아시의 부인으로서 이 집의 여주인이 된다는 것은 대단한 일이었겠구나 느끼게 된다. 가정부인 레이놀즈 부인 Mrs. Reynolds은 펨벌리를 안내해 주며 어린 시절부터 성격이 좋았고 소작인들이나 하인들에게 관대한 사람이라고 주인인 다아시를 칭찬한다.

엘리자베스는 다아시의 초상화 앞에서 그가 자신에게 관심을 가져 주었던 것에 감사를 느낀다. 엘리자베스는 그 집에서 나오다 뜻밖에 다아시를 만나 크게 당황한다. 그런데 엘리자베스에 대한 다아시의 태도는 전과는 전혀 다르게 아주 예의바르다. 그는 같이 있는 사람들을 소개해 달라고까지 하여 가디너 부부를 소개해 주자 그들의 말에도 주의

'She stood several minutes before the picture, in earnest contemplation.'

1895년 맥밀란 판 『오만과 편견』에 실린 씨 이 브록의 흑백 삽화_3권 1장_다아시가 부재중임을 확인하고 가디너 부부와 함께 펨벌리를 방문한 엘리자베스는 다아시의 초상화를 바라보며 자기에게 보여준 애정에 감사하는 마음을 가지게 된다.

를 기울인다. 뿐만 아니라 다음날 여동생 조지아나를 소개해주어도 되겠느냐고 묻기까지 한다. 마차를 타고 돌아오며 가디너 부부는 왜 그전에 사람들이 다아시를 그렇게 혹평했는지 모르겠다고 이야기한다.

조지아나와 빙리는 펨벌리에 도착한 그 날로 다아시와 함께 엘리자베스를 방문한다. 엘리자베스는 당황하고 기뻐 모두를 기쁘게 하려 노력한다. 다아시의 달라진 태도와 레이놀즈 부인이나 그 동네 사람들의 견해 등으로 인해 엘리자베스는 이제 다아시에 대한 존경, 존중, 감사를 느낀다.

에이치 엠 브록(H. M. Brock)의 동판화_3권 2장_다아시는 펨벌리에서 엘리자베스와 우연히 마주친 다음날, 약속대로 동생 조지아나와 함께 엘리자베스를 방문한다.

가디너 부인과 엘리자베스는 답례로 펨벌리를 방문한다. 그 소식을 듣고 다아시는 낚시를 하다가 급히 돌아온다. 펨벌리에서 빙리 자매를 만나게 되는데 캐롤라인은 질투심에서 엘리자베스를 해칠 생각으로 여러 험담을 하지만 다아시로부터 오히려 엘리자베스를 최고로 멋진 여인으로 생각한다는 답을 얻어내고 만다.

엘리자베스는 리디아와 위컴이 함께 도망갔음을 알리는 제인의 편지를 받는다. 그 편지를 막 읽고 가디너 씨를 부르려 할 때 다아시가 온다. 엘리자베스는 다아시에게 사실을 말하고, 자기가 위컴의 정체를 식구들에게 알리지 않은 것을 후회한다. 다아시가 아무 말이 없이 우울하게 방을 걸어다니자, 엘리자베스는 가족의 수치로 인해 그를 잃게 되었음을 느낀다. 이제 사랑이 불가능해졌다는 것을 안 순간 그녀의 마음은 그에 대한 불가능해진 사랑을 강렬히 느낀다. 다아시가 돌아가고 엘리자베스 일행은 롱번을 향해 급히 떠난다.

▒ 해설

이 부분은 엘리자베스의 다아시에 대한 사랑이 시작되는 부분이다. 3권의 시작부분에서 배경setting이 펨벌리로 바뀌고 그 곳에서 일어나는 엘리자베스의 변화가 그려지고 있다. 엘리자베스는 펨벌리를 직접 보면서 이 곳의 안주인이 된다는 것이 어떤 일인지, 자신이 거절하고 놓쳐버린 것이 무엇인지를 처음으로 깨닫는다. 그런데 펨벌리의 대단함을 보고 엘리자베스가 다아시에 대한 사랑에 빠지는 것을 어떻게 보아야 할 것인가? 물론 잘못된 판단 때문이긴 했지만, 이 대단한 남자의 사랑을 거절했을 때 물질이나 지위 등의 사회적 기준을 초월할 수 있는 것 같이 보였던 엘리자베스가, 게다가 그 거절에 대해 후회는 없다고 이야기했던 엘리자베스가, 여기 와서 후회하는 것을 어떻게 해석할 것인가? 그리고 엘리자베스가 여기에서 다아시에 대한 사랑에 빠지도록 하다니 제인 오스틴은 일관성이 있는 것인가? 앞부분에서는 돈 많은 사람과의 결혼에 대해 비판했었고, 위컴이 재산을 상속 받은 여자를 따라다니는 것에 대해서 비판했었는데, 이 부분에 와서 제인 오스틴은 왜 엘리자베스로 하여금 그의 대단한 재산을 보고 사랑에 빠지게 하고 있는 것일까?

이러한 의문들에 답하기 위하여 먼저 작가가 펨벌리를 어떤 곳으로 그리고 있는지, 엘리자베스의 다아시에 대한 사랑이 시작되는 정확한 순간이 언제이고 무엇 때문인지를 살펴보아야 할 것이다. 팸벌리의 아름다운 자연경관이나 가구라든가 내부에 들어가 이 창문에서 보는 장면과 저 창문에서 보는 장면 등은 펨벌리의 고상한 아름다움을 회화적으로 보여주고 있다. 이 소설의 일부 영화본들은 펨벌리의 화려함과 부유함에 대해서 강조하고 엘리자베스가 펨벌리의 부에 압도되어 생각이 바뀌기 시작하는 것으로 그린다. 그렇지만 제인 오스틴은 펨벌리가 간직하고 있는 자연의 아름다움과 가구를 갖춰놓은 모습이 집 주인의 품격과 취향을 드러내는 것으로 그리고 있다. 이것은 특히 로징즈의 정원이나 가구와의 대조를 통해 극명하게 나타난다. 부유함에 있어서 로징즈는 펨벌리에 못지않을 뿐 아니라 오히려 계층적으로 더 높은 집안이었다. 그러나 엘리자베스는 그 곳에서 전혀 압도되지 않았었다. 로징즈는 고상한 취향을 보이지 못하고, 끝없이 상대방에게 자신의 부유함을 드러내보이고자 하는 천박한 권위를 드러내는 곳이었기 때문이다. 반면에 팸벌리는 부에 대한 강조보다는 아름다움을 표현할 수 있는 주인의 고상함이 드러나는 곳이다.

펨벌리를 보고 엘리자베스의 다아시에 대한 생각이 바뀌는 것은 어떤 사람의 됨됨이는 그 사람의 배경과 별개가 아니라는 제인 오스틴의 생각을 반영하고 있다고 볼 수 있다. 앞(1권 13장-18장 해설)에서 민병제도에 대해 비판한 이유 중 하나가 어떤 사람이 자신의 배경에서 전혀 다른 곳으로 옮겨 가면서 진짜 인격을 감춰버릴 수 있다는 점이라고 설명했었다. 오스틴은 사람은 그 사람의 배경, 살고 있는 집, 함께 사는 사람들, 즉 가족이나 하인, 소작인, 동네 사람들과 다 함께 어우러져서 존재하는 것이고, 그 사람의 주위가 그 사람을 표현하는 것이며, 주위 사람들의 평가가 매우 소중한 것이라고 보고 있다. 다아시가 어떤 사람인지를 제대로 판단하기 위해서는 잠시 네더필드에 머물렀던 동안의 모습 외에도 그가 평생 살아 온 고향에서의 모든 요소들을 함께 파악해야 하는 것이다.

다아시를 보여주는 중요한 배경으로 펨벌리보다 더욱 중요한 것이 가정부인 레이놀즈 부인의 평가이다. 레이놀즈 부인은 친절하게 펨벌리를 안내해 줄 뿐 아니라 다아시가 얼마나 좋은 주인인지 이야기한다. 그를 네 살 때부터 돌봐왔지만 한 번도 싫은 소리를 들은 적이 없으며 그는 "이 세상에서 성격이 가장 좋고 가장 너그러운 마음을 가진 소년"이었다고 극찬한다. 이것은 하인으로부터 들을 수 있는 대단한 칭찬이다. 사람들은 보통 윗사람이나 친한 사람들에게는 잘해줄 수 있지만 자기보다 낮은 사람들에게는 그렇게 하기가 쉽지 않은데, 다아시가 가정부로부터 이런 평가를 받고 있는 것에 엘리자베스는 크게 놀란다. 엘리자베스가 생각하기에 이 거만한 주인은 하인들에게 거칠게 대할 것 같았기 때문에 하인으로부터의 칭찬은 엘리자베스의 생각을 바꾸어 놓는 데 크게 기여한다.

그러므로 엘리자베스는 다아시는 없고 초상화만 있는 순간에 사랑에 빠져든다. 초상화 속에서 자신을 바라보며 환하게 웃고 있는 다아시를 보며 서로 얼굴을 대하고 있던 어떤 순간보다도 그가 없는 지금 그림의 주인공에 대해 강렬한 감정을 느끼게 된다. 이 순간이 엘리자베스가 사랑에 빠지는 순간이라고 볼 수 있다. 물론 이 때 그림이 중요한 역할을 하는 것은 사실이지만, 그 사람이 거기 서 있는 것보다는 그의 모든 주위 상황을 통해서 그가 어떤 사람이라는 것을 종합적으로 판단할 수 있고, 그것으로 인해서 사랑에 빠져드는 것으로 묘사되고 있다. 더구나 펨벌리에 와서 엘리자베스는 레이놀즈 부인이 주인에 대해 칭찬하는 것을 들으며 다아시라는 한 사람에게 정말 많은 것이 달려있음을 느끼게 되었다. 이 한 사람이 잘못되면 얼마나 많은 사람들이 잘못될 수 있고, 이 한 사람이 제대로 되면 얼마나 많은 사람이 혜택을 누릴 수 있는가를 깨닫게 된 것이다. 즉, 소위 '노블리스 오블리제'라는 개념을 엘리자베스가 깨달으면서, 그것을 실천하는 다아시에 대해 존중하는 마음이 자연스럽게 그에 대한 사랑으로 확장, 발전되고 있는 것이다.

2장의 후반부에서는 다아시에 대한 주위의 평가가 더 광범위하게 나온다. 즉 펨벌리에서만 그를 좋게 평가 하는 것이 아니라, 램튼이라는 도시에서도 사람들이 모두 다아시를 높게 평가한다는 사실을 알 수 있다. 다아시에게 오만함이 있다는 것은 다들 인정하지만, 그것이 꼭 나쁜 것만은 아니라고들 한다. 다아시는 자신의 토지가 속해있는 펨벌리 뿐만이 아니라, 더 넓은 지역인 램튼에서도 가난한 사람들에게 많은 좋은 일을 하는 관대한 사람으로 평가 받고 있다. 반면 위컴은 빚을 남기고 떠났는데 다아시가 이를 갚아주었다는 사실도 동네 사람들을 통해 엘리자베스가 듣게 된다. 그래서 엘리자베스는 이제 다아시에게 "존중, 존경, 감사respect, esteem, gratitude"의 마음을 가지게 된다.

이처럼 엘리자베스의 마음이 점점 다아시를 향하여 가고 있던 중 절망적인 사건이 일어나고 만다. 제인의 편지를 통해 리디아가 위컴과 도망갔다는 것을 알게 되는 것이다. 제인으로부터 2통의 편지를 받는데, 첫 편지는 그들이 도망갔다는 소식을 듣고도 둘이 결혼하러 갔다고 생각하고 있음을 보여준다. 제인은 두 사람 모두 다 신중치 못한 결혼이 된다고 걱정하고 있다. 리디아로서는 위컴 같은 사람과 결혼하니까 신중치 못한 것이고, 위컴은 리디아처럼 돈 한 푼 없는 사람과 결혼하니까 신중치 못하다는 것이다. 여기서 제인은 위컴이 어떤 사람인지를 엘리자베스로부터 들었음에도 불구하고 "돈 없는 리디아와 결혼하려는 것을 보니 우리가 잘못 알았나 보다, 그 사람은 착한 사람인가 보다"라고 이야기하고 있다. 결정적인 순간에 제인이 얼마나 잘못 판단하고 있는지를 잘 보여주는 부분으로, 이를 통해 제인처럼 언제나 모든 사람을 좋게 생각하는 것이 내포하고 있는 위험성이 무엇인지 적나라하게 드러나고 있다.

독자들이 예상하듯이 제인의 첫 번째 편지는 잘못된 가설위에 세워진 것이었다. 두 번째 편지는 제인도 이제 현실을 직시하지 않을 수 없음을 보여준다. 제인은 그것이 신중치 못한 결혼이건 어쨌건 둘이 결혼을 하기나 했으면 좋겠다고 쓰고 있다. 결혼할 목적 없이 위컴이 리디아를 데리고 도주했음을 이제 알게 된 것이다. 그런데 그 당시 결혼할 의사도 없이 남자가 여자를 데리고 도주한다는 것은 여자의 인생을 그 순간부터 망가뜨리는 것이었다. 19세기에 결혼하지 않은 채 순결을 잃은 여자들은 "fallen woman", 즉 타락한 여자라고 불렸다. 그들은 대부분 얼마 지나지 않아 남자에게 버림을 받게 되고, 사회에서도 받아들여지지 않기 때문에 매춘부의 길로 갈 수 밖에 없었고, 그들의 가족 또한 전체가 명예를 잃었다.

제인의 편지를 받고 너무나 창백해진 엘리자베스를 보고 다아시가 걱정이 되어서 무슨 일이냐고 물어보니 엘리자베스는 울음을 터트리며 사실을 말한다. 당시에 딸이 남자와 도망을 가게 되면 그들의 불명예로 바로 소문이 나고 어느 누구에게도 숨길 수 없는 일이었다. 엘리자베스는 리디아가 다른 사람도 아니고 자기가 그렇게 옹호했던 위컴과 도망을 갔으므로 다아시에게 말하고 싶지 않았겠지만, 그것을 숨길 수 없음을 알기에 모든 사실을 말하고 있다. 엘리자베스는 말없이 우울하게 방을 뚜벅뚜벅 걸어다니는 다아시를 보면서, 이제 모든 가족의 수치가 드러났다는 생각에, 다아시가 자기 손을 벗어나는 것을 느낀다. 이 순간 엘리자베스의 마음은 자신이 바라는 것이 무엇이었는가를 깨닫게 된다. 심리학에서 말하기를 욕망은 결핍에서 나온다고 한다. 사랑은 상대를 얻을 수 없을 때 더 강하게 느껴지는 것임이 엘리자베스의 심리를 통해 묘사되고 있다. 엘리자베스는 자기가 얻을 수 없는 사랑이라는 것을 깨닫는 순간, 다아시에 대한 사랑이 강렬하게 일어나는 것을 경험한다.

3권의 첫 네 장은 엘리자베스의 마음이 하나씩 하나씩 무너져서 드디어 이룰 수 없는 다아시에 대한 강렬한 사랑에 도달하는 것으로 끝나고 있다. 그리고 다아시에 대한 사랑은 엘리자베스가 지금까지의 잘못된 생각과 태도를 버리고 자기 자신을 알아가고 다아시를 알아가며 세상을 알아가는 것과 병행하여 발전하고 있다.

주해와 중요어구

<4장>

- elopement: 남자와 여자가 함께 도주하는 것. 이 작품에서 위컴은 조지아나의 재산을 노리고 함께 도주하려는 계획을 세웠다가 발각되어 실패했으며, 이번에는 결혼할 의사 없이 리디아와 도주하였다.

  19세기에 도주를 감행한 유명한 사람들로 셸리 부부가 있다. 낭만주의 시인인 퍼시 비쉬 셸리Percy Bysshe Shelley는 당시 유부남이었기 때문에 정식 결혼을 할 수 없는 형편이어서 메리 울스튼크라프트 고드윈Mary Wollstonecraft Godwin과 도주를 감행한 것이다. 딸의 도주에 철학자이며 작가였던 아버지 고드윈은 대노하였고, 나중에 그들이 정식으로 결혼을 하게 된 후에도 끝까지 용서하지 않았다고 한다.

3권 5장-10장

줄거리

엘리자베스와 가디너 부부는 급히 롱번으로 돌아간다. 집에 돌아와 보니 제인은 아직도 위컴과 리디아가 결혼할 것이라는 희망을 버리지 않고 있고, 베넷 부인은 남편이 위컴을 찾아 런던에 가 있는 상황에서 갖가지 불안한 상상으로 절망에 빠져 있다. 리디아가 도주하기 전 포스터 부인에게 보낸 편지에는 그런 일을 저지르면서도 생각 없이 재미만을 느끼는 무책임한 모습이 드러나 있다. 한편 위컴에 대한 좋지 않은 소식들 역시 점점 알려진다. 그가 도박으로 빚을 많이 지고 있었다는 사실이다.

I never saw any one so shocked.

1895년 맥밀란 판 『오만과 편견』에 실린 씨 이 브록의 흑백 삽화_3권5장_리디아가 위컴과 도주하며 남긴 편지를 읽고 실의에 빠진 베넷 씨와 베넷 부인

런던에 갔던 베넷 씨는 아무 소득 없이 돌아온다. 그런데 베넷 씨에게 가디너 씨로부터 편지가 온다. 위컴과 리디아를 찾았고 둘은 리디아가 자신의 몫을 받는

다는 조건으로 결혼하게 되었다는 내용이 쓰여 있다. 베넷 씨는 다행이라고 생각하면서도 일이 이렇게 정리되기 위해서는 가디너 씨가 적지 않은 돈을 위컴에게 주었으리라고 생각하며, 그 돈을 어떻게 갚을까 걱정이다. 제인과 엘리자베스도 불행 중 다행이라고 생각하며 외삼촌에게 감사한다. 베넷 부인은 대단한 경사라도 난 듯 떠들고 결혼 예복 등을 언급하며 법석을 떤다. 리디아는 베넷 씨에게 자신을 다시 가족으로 받아들여달라고 간청하나 베넷 씨는 이를 수락하지 않는다. 이에 엘리자베스와 제인이 아버지에게 간청하여 겨우 다시 가족으로 받아들이게 된다.

'She went after dinner to show her ring and boast of being married to Mrs. Hill and the two housemaids.'

1895년 맥밀란 판 『오만과 편견』에 실린 씨 이 브록의 흑백 삽화_3권 9장_위컴과 결혼하고 나타난 리디아는 전혀 부끄러워하거나 자숙하는 기미 없이 오히려 자신의 결혼을 자랑스럽게 여긴다. 저녁식사 후, 리디아는 힐 부인과 하녀들에게 결혼반지를 뽐내며 자랑한다.

리디아와 위컴이 결혼하여 롱번에 온다. 그런데 여전히 리디아는 부끄러운 줄도 모르고 거칠고 소란스러우며 겁도 없고 생각도 없다. 위컴 역시 남의 기분을 맞추는 외양적인 예의만을 유지하고 있다.

이처럼 조금의 후회와 가책도 없는 행동에 베넷 씨와 제인, 엘리자베스는 놀라울 뿐이다. 그런데 엘리자베스는 리디아와의 대화를 통해 다아시가 그들의 결혼식에 위컴과 왔다는 말을 듣고 놀라 가디너 부인에게 자세한 내용을 묻는 편지를 쓴다.

가디너 부인의 답장을 통해 엘리자베스는 리디아를 결혼시킨 것이 바로 다아시였음을 알게 된다. 다아시는 전에 위컴이 조지아나와 도주하려고 했을 때 관여했던 여자를 통해 위컴을 찾아냈고, 그의 빚을 갚아주고 돈도 주어 리디아와 결혼을 하도록 설득시켰던 것이다. 엘리자베스는 자기 집안이 다아시에게 얼마나 큰 빚을 지게 되었는지 느끼며 지난 날 그에게 했던 행동들이 안타깝기 그지없어, 감사와 사랑과 함께 미안함과 고통을 느낀다. 위컴이 다가와 이야기를 나누는데 엘리자베스는 그에게 그가 과거에 했던 모든 일들을 다 알고 있음을 느끼게 한다.

해설

리디아가 위컴과 도주하였다는 소식에 놀라 롱번에 돌아온 엘리자베스 앞에 이 사건을 대하는 가족들의 태도가 열거되고, 이는 각 사람의 성품을 드러낸다. 베넷 부인은 자신이 얼마나 고통을 받고 있는지를 강조하며, 자기 말대로 하지 않아 이렇게 된 것이라고 모든 탓을 주위에 돌린다. 베넷 부인으로서는 위컴을 찾으러간 남편이 혹시 결투라도 하다가 죽을까봐 가장 두려워한다. 남편을 사랑해서라기보다 그가 죽으면 모든 재산을 빼앗기고 온 식구가 쫓겨나기 때문이다. 엘리자베스와 제인은 위컴 같은 사람과 도망 갈 정도로 철없는 리디아에 대해서 한심해하고 화를 내면서도, 리디아에 대해 걱정을 더 많이 한다. 반면에, 메리는 한 가족의 구성원이면서도 거리를 두고 홀로 고고히 이 사건에서 교훈을 얻어내겠다고 한다. 여자는 한번만 걸음을 잘못 디디면 끝없는 파멸이 온다, 여자에게 있어서 아름다움보다 부서지기 쉬운 것이 명예라는 그녀의 모든 교훈은 옳다. 그러나 모든 사건에서 교훈을 얻어내는 태도, 남을 판단하고 거리를 두는 태도, 즉 무엇이 옳고 그른지를 판단하는 데 있어서 상대에 대한 사랑과 걱정이 동반되지 않는 메리의 태도는 비판적으로 그려지고 있다.

도주하기 전 포스터 부인에게 보낸 리디아의 편지는 그녀가 생각없이 도주를 감행하고 있으며 그 일의 문제점이 무엇인지 모르고 있음이 나타난다. 그런데 위컴에 대한 리디아의 판단은 어떻게 보면 엘리자베스가 조장한 면도 없지 않다. 엘리자베스도 절제와 신중함을 발휘하지 못했더라면 똑같은 함정에 빠질 수 있었기 때문이다. 리디아는 앞부분의 엘리자베스처럼 위컴의 겉모습이나 말, 매너만 보고 그를 정말 천사라고 생각하고 있기 때문이다. 물론 위컴이 설사 진짜 좋은 남자라고 할지라도 그와 도주를 하는 순간에 이처럼 철없는 편지를 쓸 수는 없는 것이라는 점에서 리디아의 생각없는 무책임이 변명될 수는 없을 것이다.

그리고 바로 온 동네에 소문이 나서 손가락질을 받는 상황이 묘사되어 있다. 이 작품에서는 동네 사람들이 종종 등장을 한다. 앞부분에서도 동네 사람들이 위컴에 대해서는 어떻게 생각하는지, 다아시에 대해서는 어떻게 생각하는지, 그리고 그것이 서로서로 어떤 영향을 주는지가 묘사되었었는데, 이처럼 어떤 사건이 일어났을 때 꼭 동네 사람들의 반응이 묘사되고 있다. 마치 고대연극에서의 코러스chorus처럼 동네 사람들은 어떤 사건이 일어났을 때 나름대로의 반응을 한다거나 코멘트를 한다. 제인 오스틴은 당시 사람들이 어떻게 반응하는가에 대해서 자세히 묘사하고, 그런 것을 통해서 당시 사회의 반응을 보여주는 역할과 함께 대중이란 것이 어떻게 움직이는가에 대해서도 잘 묘사하고 있다.

리디아의 도주에 대한 콜린즈의 편지는 그가 어떤 사람인지를 다시 한 번 보여줄 뿐 아니라 콜린즈와 같이 완고한 도덕적인 잣대를 가진 사람들이 도주의 문제를 어떤 시각에서 보고 있는지를 잘 드러내고 있다. 그는 도주가 아무리 시간이 흘러도 제거되지 않는 문제이기 때문에 온 가족이 이로 인해 발생하는 심각한 고통에 빠져있을 것이라면서, 차라리 리디아가 죽었다고 해도 이보다는 나을 것이라고 말한다. 또한 한 딸의 잘못이 다른 모든 딸에게 영향을 줄 것이라면서, 누가 그런 가족과 관계를 맺겠느냐고 말한다. 만일 지난 11월에 엘리자베스와 결혼을 했더라면 이 모든 슬픔과 수치에 자기도 관련되었을 텐데 그렇지 않아 다행이라고도 한다. 그리고 마지막으로 "가치없는 딸을 당신의 사랑에서 영원히 제해버리고, 자신의 가증스런 죄의 열매를 거두도록 하라"고 충고하고 있다.

이무 소득없이 돌아온 베넷 씨는 모두 것이 자신의 잘못이라고 반성한다. 엘리자베스가 이런 일이 일어나지 않도록 막아달라고 간청했었는데 들어주지 않았던 것에 대해 뼈저리게 후회한다. 그런데 뜻밖에 가디너 씨에게서 편지가 오는데, 위컴과 리디아를 찾았다는 소식이다. 그들은 물론 결혼하지 않았고 결혼할 계획도 없었다고 한다. 그러나 다음과 같은 조건에 동의해주면 결혼시키겠다고 한다. 즉 리디아로 하여금 베넷 부부 사후에 5,000파운드를 다른 딸들과 똑같이 나누어갖게 해주고, 베넷 씨 생전에는 매년 100파운드를 준다는 것이다. 지금 물려받기로 되어있는 것을 제대로 물려주기만 하면 되는 것으로 이야기가 된 것이다. 이에 베넷 씨는 뒤로 뭔가 다른 거래가 있었을 것이라고 직감하게 되는데, 가디너 씨가 분명히 많은 돈을 주고 해결했을 것이라는 생각에 이르자 그 돈을 어떻게 갚아야 할 것인지 걱정하게 된다.

엘리자베스는 철없는 리디아와 형편없는 위컴의 결혼생활이 어떠할지 빤히 보여 이러한 결혼에 감사해야 하는 형편이 한심하게 느껴질 뿐만 아니라 리디아가 불쌍하다는 생각도 커진다. 그러나 베넷 부인은 너무나 좋아서 감탄사를 연발하며 행복해한다. 엘리자베스로서도 그들의 결혼이 결코 행복한 것이 되지 못하리라는 것을 알지만, 두 시간

전에 상상했던 것처럼 리디아가 파멸될 수밖에 없는 운명이라고 생각했던 순간에 비하면 얼마나 다행인지 모른다고 인정할 수밖에 없다. 결혼만 하면 무조건 행복해하는 베넷 부인과, 나중에 등장했을 때 결혼했다는 것에 큰 자부심을 가지고 있는 리디아의 모습을 통해서 행복하지 못한 결혼일지라도 결혼했다는 자체만으로도 높은 평가를 받는 사회에 대한 풍자가 제시되어 있다.

그렇다면 이상적인 결혼은 어떤 것일까? 엘리자베스는 자기가 다아시와 결혼했더라면 이상적인 결혼이 될 수 있었을 것이라고 생각한다. 그의 성격과 재능이 그녀와 잘 맞고 그와 그녀는 서로가 부족한 것을 보충해 줄 수 있다고 생각하기 때문이다. 즉 그녀의 편하고 명랑한 성격으로 그의 마음은 부드러워지고 그의 매너는 개선될 것이며, 그의 판단력, 정보력, 세상에 대한 지식에서 그녀는 중요한 도움을 받게 될 것이라고 생각한다. 여기에서 제시되는 이상적인 결혼은 서로에게 도움이 되는 결혼, 서로가 부족한 것을 채워주는 결혼이다. 반면 리디아와 위컴의 결혼은 그것과는 정반대로 정열passion에 근거하여 결합한 부부여서 이상적인 결혼상과 대조되고 있다. 오스틴은 열정에 근거한 결혼의 위험성을 직시하고 있으며, 열정보다는 미덕virtue에 근거하여 서로를 보완해주는 관계를 이상적 부부관계로 보고 있는 것이다.

리디아의 부주의한 발언을 통해 다아시가 위컴을 데리고 결혼식장에 나타났다는 것을 안 엘리자베스는 가디너 부인에게 자초지종을 묻는 편지를 쓰고, 그 답을 통해 그녀는 다아시가 이 결혼이 성사되게 하는데 했던 역할을 알게 된다. 그는 위컴에게 1,000파운드 이상의 빚이 있었는데 갚아주었고, 리디아가 아버지에게 받기로 되어있는 돈 외에도 1,000파운드를 더 주었을 뿐만 아니라 그가 장교가 되도록 임관권commission을 사주었다. 위컴의 빚을 갚아주었을 뿐 아니라 그가 군인으로서 살아갈 수 있도록 직장을 보장해줌으로써 리디아와의 결혼을 성사시켰던 것이다. 그런데 다아시는 자기가 위컴이 어떤 사람인지에 대해서 사람들에게 미리 설명해 주었더라면 어떤 여자도 그를 사랑하게 되지 않았을 텐데, 그것을 말하지 않았기 때문에 이런 일이 일어났으니, 이 모두가 자신의 잘못이고 따라서 자기가 이 일을 해결해야 한다고 자신의 동기를 설명했다고 한다. 그는 개인적인 일을 세상에 알리는 것이 자기 할 일이 아니라고 생각해서 위컴이 어떤 인간인지를 밝히지 않았는데, 그것이 "잘못된 오만함mistaken pride"에서 온 것이고 모두 자기 잘못이라고 말했다는 것이다. 그 설명을 통해서 우리가 알 수 있는 것은 다아시가 자신의 오만함을 언급하면서 반성을 표현하고 있다는 점이다. 그의 태도가 펨벌리에서부터 변화되고 매너가 개선되었었는데, 이제 자신의 오만함을 철저히 반성하고 있다는 것을 알 수 있다. 물론 가디너 부인도 말하고 있듯이 리디아 문제를 해결해 준 것은 엘리자베스를 얻기 위하여 한 면도 있지만, 그의 말과 행동을 통해 우리는 다아시의 인격이 성장하고 변화하고 있음을 짐작할 수 있다.

엘리자베스는 다아시에 관한 가디너 부인의 편지를 읽으면서 또 한번 그에 대해 깊이 알게 된다. 하나의 인물에 대해서 알아갈 때 그 사람이 눈 앞에서 존재할 때 깨닫는 것이 아니라, 그 사람이 없는 상태에서 그 사람을 보여주는 기호들, 즉 편지, 집, 초상화, 레이놀즈 부인의 평가, 가디너 부인의 평가와 같은 기호들을 통해서 그 사람에 관한 진실을 알아가는 것이다. 그리고 그 과정은 혼자서 독립적으로 허위와 투쟁하여 진실과 사실을 알아내는 것으로 묘사되어 있다. 가디너 부인의 편지를 읽을 때 엘리자베스는 다아시의 상황, 그의 모티프, 그가 행동한 것 하나하나를 상상하면서 그 의미를 분석해간다. 런던으로 리디아와 위컴을 찾으러 갔을 때 거기에 수반되는 모든 수고와 모멸을 다 감수했을 것임을 짐작한다. 조지아나를 위컴이 데리고 도망가려 할 때 관계했던 자기가 싫어하고 경멸하는 그 여자에게 가서 위컴이 있는 곳을 알아봐

달라고 간청하고, 자기가 싫어하는 남자, 위컴을 여러 번 만나서 설득시키고, 리디아와 결혼시키기 위해서 뇌물까지 주어야 했던 것이다. 다아시가 모든 자존심을 버리고 자신을 낮추고 한 행동들을 엘리자베스는 다 추리해 낸다. 엘리자베스는 이 모든 일을 했을 다아시에 대해서는 자부심을 가지게 되고, 자신에 대해서는 부끄러움을 가지게 되는, 끝없이 낮아지는 경험을 하게 된다. 이 작품이 보여주는 가장 중요한 것이 엘리자베스와 다아시의 성장이라고 한다면, 그들은 계속해서 낮아지는 경험을 통해 성숙하는 것으로 그려지고 있다.

▒ 주해와 중요어구

<7장>

- settlement: 결혼할 때 여자 측에서 남자에게 주는 재산이나 권리의 양도를 의미한다. 콜린즈는 엘리자베스에게 청혼할 때 사랑의 말보다는, 엘리자베스의 재산이라고는 아버지와 어머니가 돌아가신 후 1,000파운드의 4% 이자 외에는 없다는 것을 잘 알고 있으므로 그 이상을 요구하지 않겠다는 것을 더 강조한다. 리디아와 위컴의 결혼을 허락해주자고 가디너 씨가 베넷 씨에게 보낸 편지는 결혼 허락 여부보다 재산을 얼마나 줄 것인지 즉 “settlement”에 관한 질문이다. 나중에 밝혀지지만 위컴은 베넷 씨가 양도한 것보다 훨씬 많은 돈과 직업에 대한 보장을 다아시에게 받고서야 리디아와의 결혼에 동의했다.

3권 11장-14장

▒ 줄거리

위컴과 리디아는 뉴캐슬로 떠나고, 네더필드에 빙리가 돌아온다고 하여 베넷 부인은 또 다시 베넷 씨에게 빙리를 방문하라고 조르는 1년 전과 같은 상황이 재연된다. 그들이 도착한 사흘째 되는 날 빙리가 롱번을 방문했는데 다아시도 같이 온다. 베넷 부인은 빙리에게는 낯간지러운 친절을 다하면서 다아시는 냉대한다. 자기 가족들이 다아시에게 입은 은혜가 얼마나 큰지를 잘 아는 엘리자베스는 어머니의 그런 태도 때문에 너무도 괴롭고 민망하다. 그런데 다아시는 더비셔에서와는 달리 말없이 땅만 보고 있어서 엘리자베스는 실망하고, 또 실망하는 자신에게 화가 난다.

화요일에 롱번에서 열린 만찬에 빙리와 다아시가 온다. 빙리는 제인 옆에 앉아 예전처럼 이야기를 나누는 반면에 엘리자베스와 다아시는 테이블 양쪽 맨 끝에 서로 헤어져 앉게 된다. 거실에서도 엘리자베스는 다아시와 얘기하고 싶었으나 서로 기회를 찾지 못하고 조지아나의 소식을 묻는 이야기 밖에 나누지 못한 채 안타까워한다.

베넷 부인은 빙리와 제인이 둘만 있을 수 있도록 민망한 방법들을 동원하며 애쓴다. 다아시가 런던에 간 어느 날 빙리는 베넷 씨와 사냥을 나간다. 그날 저녁 엘리자베스는 거실 문을 열었다가 빙리와 제인이 진지한 대화를 나누다 자기가 나타나자 어색해 하는 장면을 목격한다. 마침내 빙리가 제인에게 청혼을 한 것이다. 제인은 약혼 사실을 엘리자베스에게 고백하고 빙리는 베넷 씨에게 허락을 받으러 간다. 베넷 씨는 제인을 축하하고 베넷 부인은 이 기쁜 소식을 주위에 전한다.

어느날 캐서린 여사가 난데없이 롱번에 나타나, 엘리자베스와 다아시가 결혼한다는 소문을 들었는데 그런 소문을 퍼뜨린 것이 엘리자베스

'*She perceived her sister and Bingley standing together.*'

1895년 맥밀란 판 『오만과 편견』에 실린 씨 이 브록의 흑백 삽화_3권 13장_우연히 거실에 들어가려던 엘리자베스는 빙리가 제인에게 청혼하는 장면을 목격한다.

딸과 약혼한 사이라며, 두 가문 간에 일찍이 결정된 사안이므로 엘리자베스처럼 낮은 계층 출신 여자에 의해 깨어질 약속이 아니라고 주장한다. 엘리자베스는 결혼 여부를 결정할 권리는 자신과 다아시에게 있는

휴 톰슨이 1894년에 그린 삽화_3권 14장_다아시와 엘리자베스가 결혼할 것이라는 소문을 듣고 캐서린 여사가 다아시와의 관계를 정리할 것을 요구하기 위하여 엘리자베스를 찾아온다.

아니냐고 모욕적으로 질문한다. 그녀는 엘리자베스에게 다아시는 자기 것이라고 대답한다. 캐서린 여사는 엘리자베스에게 그와 약혼하지 않겠다는 약속을 하라고 강요하지만, 엘리자베스는 이를 거부한다.

해설

소설은 빙리와 다아시가 네더필드에 온다는 소식으로 마치 다시 시작되는 것처럼 보인다. 이 "두 번째 시작second beginning"은 "첫 번째 시작"보다 훨씬 더 행복한 결말로 가는 것을 독자들도 느낄 수 있을 만큼 활기 있고 유쾌하고 장난스럽고 해학적으로 작품의 분위기가 바뀌고 있다. 제인에게도 엘리자베스에게도 더 이상 희망이 없을 것 같았지만, 빙리와 다아시가 돌아옴으로써 희극의 분위기가 다시 살아나고 있다.

1권 1장에서처럼 3권 11장에서 베넷 부인은 베넷 씨에게 빙리가 오면 바로 가서 방문해 달라고 부탁을 하고, 베넷 씨는 가지 않겠다고 한다. 작년에 방문해 달라고 해서 방문했었지만 무슨 좋은 일이 있었냐고 거절하는데, 이번엔 다행히 빙리와 다아시가 스스로 찾아온다. 베넷 부인은 물론 제인과 엘리자베스에게도 다행스럽게, 그들이 스스로 찾아온 것이다.

사실은 다아시가 베넷가의 은인이고, 엘리자베스와 서로 사랑하고 있는 상황이라는 것을 모르는 베넷 부인은 빙리가 온다는 것만 기뻐한다. 따라서 베넷 부인이 끊임없이 다아시를 외면하고 냉대하면서 빙리에게만 잘해주는 장면이 재미있고 코믹하게 그려지고 있다. 또 두 자매는 자신들의 감정을 숨겨야 하는 처지이다. 제인은 빙리를 좋아하면서도 안 그런 척해야 하는데, 한 번 버림을 받았다고 생각하기에 자신의 감정을 내비칠 수 없는 형편이기 때문이다. 엘리자베스는 다아시에게 감사와 사랑의 감정을 느끼고 있지만 그의 마음을 알 수 없어서 역시 자신의 감정을 조절해야 하는 상황이다. 이런 두 자매의 복잡한 감정들이 재미있게 묘사되면서 소설은 유쾌하고 발랄한 분위기로 진행된다.

마침내 빙리가 제인에게 청혼하는 13장은 더욱 유쾌하고 행복한 분위기이다. 베넷 부인은 나름대로 여러 가지 수단을 동원해서 어떻게든 제인과 빙리를 둘만 남겨놓아 청혼을 받게 하려고 애를 쓰는데, 사실 소설의 첫 번째 시작에서는 베넷 부인의 여러 가지 행동들이 상황을 파국으로 치닫게 하였다면, 이 부분에서는 베넷 부인의 여러 가지 계략이 성공하여 드디어 제인이 빙리의 청혼을 받게 된다. 빙리에 대한 베넷 씨의 평가도 유머러스한 분위기 속에 긍정적으로 내려진다.

빙리가 청혼하는 장면은 독자 앞에 직접 그려지진 않는다. 대신 엘리자베스의 눈을 통해 마치 영화의 한 장면처럼 그려지고 있다. 엘리자베스가 거실 문을 열고 들어갔을 때 벽난로 앞에 서있는 빙리와 제인이 가까이 있다가 함께 자기를 홱 쳐다보는 그 순간, 엘리자베스는 모든 것을 깨닫는다. 그리고 현장을 순식간에 목격해 버렸기 때문에 엘리자베스는 몹시 당황한다. 빙리는 뛰쳐나가고, 제인은 곧 모든 사실을 엘리자베스에게 말한다.

엘리자베스는 제인과 빙리가 지금 너무나 행복해 하는데 그 행복에는 근거가 있다고 믿는다. 빙리와 제인의 결합은 단지 감정에 치우친 것이 아니라 뛰어난 이해에 근거한 것이며, 두 사람은 비슷한 취향과 감정을 가지고 있어서 행복한 부부가 될 것이라 믿는 것이다. 이 작품에 등장하는 부부들이 행복하지 못한 경우가 많은데 제인과 빙리의 결혼은 행복할 것으로 기대되고 있다.

캐서린 여사가 롱번으로 엘리자베스를 찾아와 다아시와 결혼할 엄두를 내지 못하도록 하려는 시도가 그려진 14장은 플롯상 다아시의 재청혼을 가능하게 역할을 할 뿐 아니라, 주제면에서 엘리자베스의 미덕과 가치를 드러내는 중요한 역할을 한다. 지위와 부와 권위를 가지고 있고 나이도 많은 캐서린 여사와 가진 것도 없고 어릴 뿐 아니라 다아시의 마음을 아직 확인하지 못했으므로 여러 가지 열등한 위치에 있는 엘리자베스의 논쟁은 엘리자베스에게 하나의 시험test처럼 제시되고 있다. 엘리자베스는 이 시험을 잘 통과해야만 다아시의 청혼을 받을 수 있는 것이다. 마치 중세의 기사가 적군의 공격이나 용의 공격과 같은 어려운 위험들을 용기와 지혜로 잘 극복해야 아름다운 공주를 상으로 얻게 되는 것과 같다.

캐서린 여사는 로징즈에서 만났을 때, 날씨조차 자기 마음대로 결정하는 사람이라고 묘사될 정도로 귀족층이 가지고 있는 부정적인 속성을 대변하고 있는 인물로 이미 충분히 묘사가 되었었다. 이러한 인물과의 논쟁을 통해 엘리자베스는 또 하나의 미덕을 획득해야 한다. 앞에서 엘리자베스는 네 가지 핵심 미덕 가운데 신중함, 절제력, 공정함을 획득한 바 있다. 이제 그녀에게 요구되는 마지막 미덕은 강인함fortitude이다. 캐서린 여사가 지위와 부와 강하고 권위적인 성격을 배경으로 엘리자베스의 마음을 조정하려 할 때, 엘리자베스는 그것을 이겨내고 자신의 논리로 반박하고, 그러면서도 예의를 잃지 않아야 된다. 예의를 잃으면 캐서린 여사와 똑같이 되는 것이기에, 엘리자베스는 예의를 잃지 않고 자기가 해야 할 말을 하고 굴하지 않는 불굴의 용기를 가지고 진정한 승리를 얻어내야 하는 것이다.

캐서린 여사가 이 결혼을 반대하는 가장 중요한 이유는 물론 자기의 딸과 다아시를 결혼시키기를 원해서이지만, 그 밑바탕에는 무엇보다 계층의 문제가 자리하고 있다. 캐서린 여사네는 귀족계층이다. 다아시의 어머니와 캐서린 여사는 자매이므로 다아시는 외가 쪽이 귀족이다. 반면 다아시의 친가는 귀족은 아니지만 귀족에 가까운 명망과 전통이 있는 상류 젠트리 계층이다. 작위가 있는 귀족 계층과, 작위는 없지만 토지에 근거하여 전통있는 가문을 형성하고 있던 젠트리 계층은 당시 영국 상류층을 이루고 있던 두 계층이다. 캐서린 여사는 그런 두 가문이 맺어지려 하는데, 신분 낮은 네가 왜 거기에 끼어드느냐고 꾸짖는다.

이에 대해 엘리자베스는 다아시도 "신사"이고 자신도 "신사의 딸a gentleman's daughter"이므로 "우리는 동등하다we are equal"고 주장한다. 캐서린 여사도 베넷 씨가 신사라는 것을 부정하지는 못한다. 그러나 베넷 부인의 출신이 낮은 점을 지적하며 결코 용납될 수 없다고 단호히 말한다. 사실 다아시가 가디너 부부에게 친절하게 대할 때 엘리자베스가 놀라는 이유 중 하나는 가디너 부부가 상업에 종사하는 계층이 낮은 사람들이기 때문이다. 그러나 그들은 지각있고, 이해력이나 지적 능력이나 취향 등이 훌륭한 사람으로 그려지고 있다. 이는 사람의 인품이 계층에 의해서 구성되는 것이 아니고 각 개인에 달려 있으며, 각 사람은 각자의 개인적 가치에 의해 평가되어야지 혈통에 의해 평가되어서는 안된다는 오스틴의 생각이 반영되어 있는 것이다.

캐서린 여사와의 논쟁에서 엘리자베스가 주장하는 것이 바로 개인의 가치이다. 캐서린 여사는 엘리자베스에게 만일 다아시가 너와 결혼하면 그는 친지들 사이에서 배제되고 이 세상의 경멸의 대상이 될 것이라고 위협하는데, 엘리자베스는 캐서린 여사가 말하는 혈통에 근거한 가치에 대항해서 자기 개인의 가치를 내세우고 있다. 당시 사회는 역사적으로 개인의 가치의 중요성이 강조되고 개인주의가 발전하던 시기이다. 엘리자베스가 혈통에 따른 가치에 대항하여 자기 개인의 가치를 주장하고 있는 것은 개인의 가치가 강조되기 시작한 역사적 흐름의 반영이기도 하며, 또 한편 소설이 개인의 가치를 강조하여 개인주의를 발전시키는데 기여하고 있음을 보여주고 있기도 한 것이다. 엘리자베스는 이 세상은 지각력이 있어서 자신이 다아시와 결혼한다고 해도 비웃지 않을 것이라고 주장한다. 혈통을 중시하는 가치관과 개인의 가치를 중시하는 가치관이 여기에서 상충하고 있는데, 엘리자베스의 가치관이 승리하고 있다. 이 승리는 엘리자베스가 강인함이라는 미덕을 획득했음을 보여주고 있다. 반면에 패배한 캐서린 여사는 엘리자베스에게 원하는 답을 얻지 못한 채 돌아갈 뿐만 아니라, 아이러니하게도 오히려 이 일로 다아시가 엘리자베스에게 다시 청혼을 하게 되는 계기를 제공하게 된다.

주해와 중요어구

<14장>

- untitled family: 작위가 없는 가문. 캐서린 여사는 다아시의 집안은 "비록 작위는 없는 가문이지만, 존경할만하며 명망있고 전통있는 가문respectable, honourable, and ancient, though untitled families"에 속한다고 설명한다. 다아시의 집안은 작위가 없는 가문이므로 귀족이라고는 할 수 없다. 그러나 오랜 전통을 가진 명문 젠트리gentry 가문이다. 다아시의 어머니가 귀족으로서 다아시의 아버지와 결혼한 점이나, 캐서린 여사가 자기 딸을 다아시와 결혼시키려는 점, 사촌인 피츠윌리엄이 백작의 아들인 점 등에 나타나듯이 다아시네와 같이 오랜 전통을 가진 명망있는 젠트리 집안은 귀족에 버금가는 상류층이었음을 알 수 있다.

3권 15장-19장

▒ 줄거리

캐서린 여사가 떠난 후 엘리자베스는 아마도 캐서린 여사의 설득으로 다아시가 돌아오지 않을지도 모른다는 생각에 마음의 동요를 겪는다. 다음날 아침 베넷 씨는 콜린즈의 편지를 받는다. 제인과 빙리의 약혼을 축하하고, 엘리자베스와 다아시가 결혼할 것이라는 소문이 들리는데 미리 막으라고 충고한다. 또한 리디아를 그렇게 쉽게 용서하지 말았어야 했다고 말한다. 베넷 씨는 이 편지를 엘리자베스에게 읽어주며 콜린즈가 엘리자베스의 배우자로 다아시를 언급한 것을 너무 재미있어하고, 엘리자베스는 내심 매우 괴롭다.

다아시가 돌아와 빙리와 함께 롱번을 방문하여, 빙리와 제인, 다아시와 엘리자베스가 함께 산보하게 된다. 산보 길에 엘리자베스가 다아시에게 리디아를 도와주어 고맙다고 말하자 다아시는 오직 엘리자베스를 위해 한 일이었다면서, 자신의 마음은 예전과 같은데 엘리자베스는 좀 변했느냐고 묻는다. 엘리자베스는 그동안의 변화를 고백하고 청혼을 받아들인다. 둘은 과거의 일에 대해 서로 사과하며, 그동안 서로 겪은 것을 이야기한다. 특히 다아시는 자기가 어떤 변화를 겪었는지 자세히 설명한다.

엘리자베스는 다아시와의 약혼을 가족들에게 알린다. 제일 먼저 그날 밤 제인에게 말하는데 제인도 믿지 못한다. 엘리자베스는 제인에게 그간의 사정을 설명하고 리디아의 결혼을 성사시킨 것이 다아시였음을 밝힌다. 다음날 저녁, 다아시가 베넷 씨에게 가서 엘리자베스와의 결혼을 먼저 말하고, 곧 이어 엘리자베스는 자신의 사랑을 믿지 못하여 혹시라도 사랑없는 결혼을 하게 될 딸을 걱정하는 아버지를 납득시킨다. 그날 밤 베넷 부인에게도 이 사실을 전하니 베넷 부인은 언제 다아시를

Now, be sincere; did you admire me for my impertinence?

1895년 맥밀란 판『오만과 편견』에 실린 씨 이 브록의 흑백 삽화_3권 18장_ "솔직히 말해보세요. 저의 주제넘은 면에 반하신건가요?" 부모님에게 결혼 허락을 받고 쾌활함을 되찾은 엘리자베스는 다아시에게 왜 자신을 좋아하게 되었는지 장난스럽게 묻는다.

냉대했나 싶게 환희에 차서 외친다. 멋지고 매력적이고 키 큰 남자라고!

엘리자베스는 다아시에게 왜 자기를 좋아하게 되었냐고 묻고, 자기가 리디아에 대한 감사 표시를 하지 않았으면 청혼도 안했을 것이라고

휴 톰슨이 1894년에 그린 삽화_3권 18장_엘리자베스와 다아시의 소문에 대하여 무례한 편지도 서슴지 않았던 콜린즈는, 둘의 결혼이 확정되자 태도를 바꾸어 다아시에게 정중하지만 비굴한 태도를 취한다.

한다. 다아시는 그녀의 쾌활한 성격, 제인을 사랑하는 마음 등 때문에 그녀를 사랑하게 되었다면서, 캐서린 여사의 말을 통해 엘리자베스의 마음을 알고 희망이 생겨 다시 청혼하기로 결심했다고 대답한다. 엘리자베스는 가디너 부인에게, 다아시는 캐서린 여사에게, 베넷 씨는 콜린즈에게 각각 편지를 쓴다. 콜린즈 부부는 이 소식에 화난 캐서린 여사를 피해 샬롯의 친정으로 피신 온다.

마지막 장에서 서술자는 모든 인물들의 그 후 이야기를 요약해서 들려준다. 베넷 씨 부부, 빙리 부부, 키티, 메리, 위컴 부부, 캐서린 여사, 조지아나, 가디너 부부가 다아시 부부와 어떤 관계로 살고 있는지에 대한 설명으로 소설은 끝나고 있다.

해설

소설의 맨 마지막 부분인 이 부분은 유쾌하고 재미있고 희극적인 장면들이 집결되어 있는 부분이다. "두 번째 시작"을 통해 빙리와 다아시가 돌아오면서 베넷 가에 드리웠던 암울의 그림자가 가시고 즐거운 일들이 일어나기 시작한다. 다아시의 재청혼이 이루어지고 엘리자베스가 이를 수락하면서 그녀의 쾌활한 성격이 살아나고, 베넷 씨의 재치있는 말과 베넷 부인의 엉뚱한 행동들이 엉키면서 웃음과 즐거움, 유쾌함, 행복함을 유발하는 전형적인 희극comedy의 결말을 보여주고 있다. 제인 오스틴은 이 모든 유쾌함을 플롯과 인물을 통해 이끌고 있을 뿐 아니라 서술자를 통한 따뜻한 풍자를 표현해내고 있다.

다아시의 재청혼이 이루어지는 16장을 살펴보면, 독자들이 기대하고 있는 달콤하고 로맨틱한 청혼의 장면이 아니다. 다아시가 멋진 신사답게 열렬하게 사랑을 고백하고 엘리자베스는 수동적으로 달콤하게 수락하는 구도가 전혀 아닌 것이다. 빙리, 다아시, 제인, 엘리자베스, 키티가 함께 나간 산보길에서 다아시가 가까이 오지도 않고 무뚝뚝해서 가슴이 타던 엘리자베스는 둘만 남게 되자 리디아를 도와 준 일에 대해 온 가족의 이름으로 감사를 적극 표현하게 되고, 다아시는 그에 대한 대답으로 너의 가족들이 감사를 할 필요는 없다, 오직 너를 위해서 한 일이었다고 대답한다. 덧붙여 나는 똑같은 감정과 소원을 가지고 있지만, 너의 한마디 말만 있으면 이 주제에 대해 영원히 입을 다물겠다고 한다. 이것이 말하자면 다아시의 재청혼이라 할 수 있다.

다아시로서는 재청혼을 한, 어색하고 불안한 상황에서 엘리자베스는 재빨리 청혼을 수락하며, 자신의 감정이 매우 많이 변화를 겪어서 이제 그의 말을 감사와 기쁨으로 받아들인다고 대답한다. 이 대답에 다아시는 매우 기뻐하며 "열렬히 사랑에 빠진 남자가 할 수 있는 한 최대로 지각있고 뜨겁게 자신을 표현했다"고 표현되어 있다. 그런데 이 부분은 인용한 것처럼 직접 화법으로 되어 있지 않고 서술자를 통해 보고된다. 다아시의 열렬한 사랑 고백이 직접 나오고, 엘리자베스가 그것을 기쁘게 받아들이며 하는 말이 직접 나오면 더 뜨겁고 로맨틱한 청혼 장면이 될 텐데 그렇게 나오지 않는 것이다. 사실 제인 오스틴의 대부분의 작품에서 청혼 장면은 흔히 기대하는 것처럼 그렇게 로맨틱하지 않다. 제인 오스틴이 사랑과 결혼을 많이 다루었으므로 로맨틱한 작가라고 생각하지만, 실제로는 매우 절제된 상태로 사랑의 장면들을 그리고 있다. 예를 들면, 샬롯 브론테나 조지 엘리엇의 작품에서는 사랑을 하는 안타깝고 격렬하고 열정적인 감정들이 묘사되는 반면에 제인 오스틴에게서는 감정이 절제되고 이성적인 면들이 더 많이 묘사된다.

다아시의 재청혼 장면은 뜨거운 감정보다는 자신의 잘못에 대한 냉철한 반성으로 가득 차 있다. 처음 엘리자베스에게 청혼했을 때 "나의 행동, 나의 태도, 나의 표현my conduct, my manners, my expressions" 모두 잘못되어 있었다면서 "용서할 수 없는unpardonable" 것이었다고 한다. 특히 엘리자베스가 "당신이 좀 더 신사 같은 태도로 행동했었더라면"이라고 말했던 것을 절대 잊을 수 없다고 한다. 그 말이 얼마나 자신을 괴롭혔는지 그녀는 모를 것이라면서, 그 말의 정당성justice을 인정하게 되기까지에는 적지 않은 시간이 걸렸었다고 말한다. 여기에서 다아시가 "justice"라는 말을 사용하고 있음을 주목할 필요가 있다. 그는 엘리자베스의 냉정한 거절과 혹독한 비판을 받은 후 자신을 변호하는 편지를 써서 그녀에게 주면서 그녀의 "justice"를 요구했었고 엘리자베스는 그의 편지를 반복하여 읽으면서 마침내 공정한 판단에 이를 수 있었다. 그런데 다아시 자신도 똑같은 과정을 거치면서 공정함이라는 미덕을 획득하게 되었음을 알 수 있다.

여기서 다아시는 자신이 그 일 후 어떠한 변화를 겪었는지 직접 이야기한다. 사실 지금까지 그 일 후 엘리자베스가 어떤 변화를 겪었는지는 독자들이 모두 알고 있다. 그러나 다아시의 변화는 독자들 앞에서 일어나지 않았다. 서술자는 주로 엘리자베스의 관점이 되어 이야기하고 있기 때문에 다아시의 변화는 보고되지 않은 것이다. 그러므로 연극 용어를 빌려 표현하자면, 다아시의 변화는 "연극 밖에서outside the drama" 일어난 것이다. 독자들이 볼 수 없는 곳에서 일어난 일에 대해 다아시는 엘리자베스에게 설명하고 있고 독자들 또한 지금 처음 그것에 대해 정확히 알게 된다. 엘리자베스가 자신도 편견에 차서 잘못한 것이 많다고 하지만 다아시는 그녀의 잘못은 철학이 잘못되어서 나온 것이 아니라 순진함innocence에서 나온 것인 반면에, 자신의 잘못은 교만과 자만에서 기인한 커다란 잘못이었다고 한다. 다아시는 자기가 자라난 배경을 설명하면서 물론 원칙에 있어서는 이기적이면 안 된다고 배웠지만 부유한 환경 속에 외아들로 자라 버릇이 없었고 가족 밖의 사람들, 이 세상 다른 사람들에 대해서는 무시하고, 자기 가족만을 중요시했었다고 통렬하게 고백한다. 만일 당신이 아니었다면 나는 아직도 그런 사람이었을 것이라고, 그녀를 "가장 소중하고 가장 사랑스러운 엘리자베스dearest, loveliest Elizabeth"라고 칭한다.

여기서 다아시는 돈 많고 지위 높은 가문의 외아들로 태어나서 그가 빠질 수밖에 없었던 오만함에 대해서 철저히 반성하고, 그러한 반성을 하게 해 준 엘리자베스에게 감사를 표현하고 있다. 그녀가 아니었더라면 깨닫지 못했을 잘못, 여덟 살부터 스물여덟 살까지 저지른 잘못을 그녀로 인하여 반성하게 되었고, 그녀에 의하여 "겸손humbled"을 배우게 된 경험을 매우 소중하게 이야기하고 있다. 엘리자베스가 다아시의 편지를 읽은 후 그동안 한없이 '작은 나' 자신을 몰랐던 것을 깨달으며 경험했던 굴욕humiliation을 그도 똑같이 경험했음을 보여준다. 또한 엘리자베스가 그 깨달음을 바탕으로 정신적인 성숙을 이루고 다아시에 대한 사랑에도 눈뜨게 된 것처럼, 다아시 또한 '작은 나'에 대해 알게 되고 겸손해지는 경험을 통해 정신적인 성숙을 이루고 엘리자베스의 진정한 가치를 알게 된 것이다.

엘리자베스가 다아시와 약혼 한 사실을 가족들에게 알리자 가족들이 보이는 반응은 엘리자베스에겐 고통이지만 독자들에겐 하나하나 유쾌함을 유발시킨다. 누구의 말이나 잘 믿는 제인도 엘리자베스를 믿을 수 없어하며 "네가 그 전에 싫어했던 것을 생각해봐"라고 한다. 그녀가 다아시를 싫어했던 것을 이 집안 식구가 모두 기억하고 있어서 다아시와의 약혼 소식을 알리는 일은 쉽지 않은 과정이다. 엘리자베스는 진심으로 전에 이성적으로 생각하지 못하고 절제하여 표현하지 못했던 것을 후회한다.

베넷 씨가 보이는 반응은 물론 가장 유머러스하다. 처음에 베넷 씨는 엘리자베스가 예전에 그렇게 싫어하던 남자를 혹시 제인의 배우자가 될 빙리보다 더 부자이기 때문에 결혼하는 것은 아닌가 걱정한다. 엘리자베스의 성격을 잘 아는 베넷 씨로서는 그녀가 정말로 남편을 존경하지 않는다면 행복하지 못할 것을 잘 알기에, 배우자를 존경할 수 없는 그런 슬픔을 가지지 않기를 원한다고 충고한다. 베넷 씨의 이 말에는 아내에 대한 존경의 마음을 결혼하자마자 곧 잃어버리고, 평생을 자포자기하여 사는 그 자신의 슬픔이 묻어나고 있다. 이에 엘리자베스는 정말 자기가 존경하는 사람이 다아시라는 것을 열심히 설명해야 했고, 그 때에야 베넷 씨는 그녀의 결혼에 진심으로 동의해 준다. 그런데 베넷 씨는 엘리자베스의 설명을 통해 위컴에게 돈을 준 사람이 다아시라는 것을 듣고 나서는 유머가 발동한다. 가디너 씨였다면 돈을 갚아야만 하고 또 갚을 것이지만, 이 사랑에 빠진 젊은이들은 모든 일을 자기들 마음대로 한다면서, "내가 내일 그에게 돈을 갚겠다고 제안을 할 것이고, 그러면 그는 난리 법석을 치면서 너에 대한 사랑을 이야기 하겠지. 그럼 일은 끝나는 거지"라고 말한다. 그리고 엘리자베스를 내보내며 말한다. "어떤 젊은이든지 메리나 키티를 달라고 오면 들여 보내거라. 나는 매우 한가하니까."

베넷 씨가 특유의 유머로 독자들에게 즐거움을 준다면, 베넷 부인의 반응 또한 웃음을 자아낸다. 엘리자베스가 베넷 부인에게 이 사실을 알리자 처음에는 무슨 뜻인지 이해가 되지 않아 한동안 가만히 앉은 채 아무 말도 하지 못하던 베넷 부인은 마침내 정신이 들자 의자에서 안절부절 못하다가 일어났다 다시 앉았다 하더니 놀라서 외친다. 정말이니? 넌 정말 부자가 되고 대단한 사람이 되겠구나! 난 정말 기쁘고 난 정말 행복하다. 그렇게 매력적인 남자와! 그렇게 잘 생기고! 그렇게 키가 크고!

마지막 장은 모든 인물들이 그 후에 어떻게 살고 있는지를 정리하여 알려주고 있다. 동화의 "그들은 모두 행복하게 살았다They lived happily ever after"에 해당하는 부분이지만, 제인 오스틴은 서술자를 통한 특유의 풍자를 여기서도 발휘하고 있다. 먼저 베넷 부인의 소식으로 시작되는데, 가정법으로 "이렇게 말할 수 있었으면 좋겠다"라고 한다. 그녀가 세 딸이나 결혼시키고 나더니 나머지 인생은 지각 있고, 사랑스럽고, 견문이 있는 사람으로 살았다고 말할 수 있었으면 좋겠다는 것이다. 그런데 베넷 부인이 그렇게 되지 않은 것이 남편으로서는 다행이라고 한다. 왜냐하면 베넷 씨의 유일한 낙이 아내를 놀리는 것이니까.

베넷 씨는 엘리자베스를 몹시 그리워하여 펨벌리를 자주 그리고 불쑥불쑥 방문하곤 한다. 그리고 빙리는 펨벌리에서 30마일 내에 있는 곳에 토지를 사서 살고 있으므로 엘리자베스와 제인은 가까이 왕래하며 살고 있다. 키티는 결혼한 두 언니에게 좋은 영향을 받아 성품이 많이 개선되었다. 메리는 여전히 모든 것에서 도덕적 의미를 찾고 있고, 위컴과 리디아는 언제나 그들의 수입에 넘치게 돈을 써서 점점 더 가난해지고 점점 더 쪼들려서 언니들이 도와주곤 한다. 캐서린 여사는 처음에는 무척 분개했지만 이제는 펨벌리를 오가며 산다. 가디너 부부는 특히 엘리자베스를 펨벌리에 데리고 옴으로써 다아시와 다시 만나게 해 준 일로 다아시 부부의 특별한 감사를 받으며 지내고 있다.

재미있는 언급은 조지아나와 엘리자베스에 관한 것이다. 시누이와 올케 사이인 조지아나와 엘리자베스는 서로 사랑하며 살았다. 그런데 조지아나는 자신보다 열 살 위인 오빠 다아시 — 아버지가 돌아가신 다음에는 이 집안의 가부장으로서 여동생인 자신을 잘 돌봐주면서도 권위적이었던 오빠 — 를 엘리자베스가 자주 놀리고 장난치는 것에 놀라게 된다. 조지아나로서는 전에는 절대 가질 수 없었던 지식을 하나 터득하게 되는데, 열 살 아래인 여동생으로서는 감히 할 수 없는 자유로운 행동을 아내는 남편과 할 수 있다는 것을 알게 되는 것이다. 이에 대해 서술자는 엘리자베스가 대단히 좋은 교육을 조지아나에게 시킨 것으로 설명하고 있다. 엘리자베스의 발랄하고 장난기 많은 성격은 다아시의 유일한 결점인 유쾌함의 부족을 잘 메워줌으로써 엘리자베스가 생각했던 대로 이들은 서로의 약점을 보충해주는 이상적인 부부가 되었음을 보여주고 있다.

주해와 중요어구

<17장>

- a special licence : 특별 결혼허가증. 베넷 부인은 엘리자베스가 다아시와 약혼 소식을 알려주자 너무 좋아하며 초흥분 상태에서 외친다. "a special licence"로 결혼해야 한다고. 베넷 부인은 다아시와 엘리자베스의 결혼에 반대자가 있을까 두려워 "결혼예고banns"를 거치지 않고 빨리 결혼을 시키고자, 주교가 발행하는 특별 결혼허가증을 얻어 결혼시키려고 하는 것이다. 결혼예고란 교회에서 결혼의식 전에 3주 연속 일요일마다 이 결혼에 대해 이의가 없는지 묻는 제도이다.

JANE AUSTEN

Pride and Prejudice

III. 등장인물 소개와 분석

III. 등장인물 소개와 분석

1. 엘리자베스 베넷 Elizabeth Bennet

베넷 가의 둘째 딸로서 베넷 씨가 특히 사랑하는 딸이다. 아버지를 닮아 지성적이며 유머 감각을 가지고 있고, "어리석은 것은 무엇이든 재미있어 하는 명랑하고 쾌활한 기질"을 가지고 있다. 다아시와 논쟁을 벌일 때나 캐서린 여사 앞에서 자기주장을 펼 때에 볼 수 있듯이 강인하고 당당한 성격을 가지고 있으며, 언니 제인이 네더필드에 방문했다가 비를 맞고 병에 걸렸다는 말을 들었을 때에는 언니를 간호하러 진창길을 3마일이나 걸어가는 데에도 나타나듯이 따뜻한 마음과 비관습적인 면을 가지고 있다. 처음 무도회에서 엘리자베스를 보았을 때 별로 예쁘지 않다고 생각했던 다아시는 얼마 지나지 않아 그녀의 아름다운 눈과 지적인 얼굴에 빠져들기 시작한다.

엘리자베스는 빙리가 "인물 분석가"라고 평할 정도로 사람들의 성격과 인물됨을 파악하고 판단하는 능력을 가지고 있는 인물이다. 또한 그러한 자신의 능력에 대한 빙리의 평가를 기뻐하는 데에도 나타나 있듯이 자신의 판단력에 대해 스스로 자부심을 가지고 있기도 하다. 그러나 실제로 그녀는 외모나 매너에 기초하여 첫인상을 갖게 됨으로써 다아시와 위컴의 인물됨을 잘못 판단하는 오류를 범하게 된다. 다아시에 의해 자존심이 상한 그녀는 위컴이 좋은 매너로 다가와 다아시를 비난하자 근거도 없이 위컴의 말을 모두 믿고 다아시를 매우 좋지 않은 사람으로 생각하는 편견을 가지게 되는 것이다.

소설 속에서 주인공 엘리자베스에게는 이 오류를 극복하고 사람들을 올바로 분석할 수 있는 능력과 세상을 올바로 판단할 수 있는 능력을 갖추어 가는 것이 임무로 주어진다. 다아시의 청혼을 냉정히 거절한 후 엘리자베스는 그의 편지를 통해 자신의 실수가 무엇인지 통렬히 깨달은 후 정신적인 성장을 하게 된다. 또한 펨벌리의 아름다움에 마음이 열리고, 그 지역 사람들의 입을 통해 다아시에 대한 긍정적인 평가를 듣게 됨으로써 그에 대한 생각이 바뀌기 시작한다. 또한 그에게 그토록 무례하게 굴었는데도 자신의 매너를 개선하여 자기에게 다가오는 그에게 감사와 존경의 마음을 가지게 되고, 사랑의 마음이 싹트기 시작하여 마침내 다아시와 결혼하게 된다.

2. 피츠윌리엄 다아시 Fitzwilliam Darcy

다아시는 북부 더비셔에 펨벌리라는 저택을 가지고 있는 명문 가문의 외아들이다. 작위가 있는 귀족은 아니지만 귀족에 버금가는 상류층이다. 친구 빙리가 네더필드에 세들어 살게 되면서 함께 메리튼의 무도회에 왔다가 엘리자베스를 만나게 된다. 일년에 1만 파운드의 수입이 있는 키 크고 잘생긴 다아시가 무도회에 나타났을 때 모든 사람의 관심이 집중되지만 빙리의 두 누이 외에는 아무 하고도 춤을 추지 않는 오만한 태도 때문에 곧 인기를 잃고 만다. 특히 엘리자베스와 춤을 추라는 빙리의 권고를 "참아줄 만 하기는 하지만, 같이 춤추고 싶을 만큼 예쁘지는 않다"라고 거절하여 엘리자베스에게 나쁜 인상을 심어주게 된다. 그 후 그는 엘리자베스의 매력을 알기 시작하지만, 베넷 가의 식구들이 보여주는 천박함을 보고 그녀에게 마음을 빼앗기지 않기로 결심한다.

그럼에도 불구하고 그는 점차 엘리자베스에게 매료된다. 엘리자베스가 헌스포드에 머무는 동안 그녀를 자주 찾아와 말없이 우울하게 앉아있다 가는 모습은 그의 내적 갈등을 암시한다. 그는 결국 엘리자베스에게 끌리는 마음을 이기지 못하고 청혼하지만, 그녀에 대한 사랑을 고백하기 보다는 그녀의 가문이 열등하기 때문에 고민했던 점을 주로 이야기한다. 그에 대해 철저한 편견에 사로잡혀 있던 차에 이러한 청혼을 받게 되자 엘리자베스는 그의 청혼을 냉정히 거절할 뿐만 아니라 그의 청혼 태도가 신사답지 못하다는 비판까지 함으로써 그에게 굴욕을 안겨준다.

이 사건은 좋은 집안에서 외아들로 귀하게만 자랐던 그에게 큰 충격을 준다. 너무 귀하게만 자라 다소 교만했던 다아시는 엘리자베스에게 청혼을 거절당한 이후 겸손해지고 자신의 오만함에 대해 철저히 반성하게 된다. 더구나 사실 그는 많은 좋은 점을 가지고 있는 사람이었는데, 하인들에게 친절하고 소작인들에게도 관대하며 특히 여동생을 잘 돌보는 오빠였다. 펨벌리를 방문하여 다아시의 장점들을 알게 된 엘리자베스와 그는 마침내 결혼에 이르게 된다. 그에게 아직도 부족한 점이 있다면 그것은 그의 성격에 쾌활함이 부족하다는 것인데 쾌활한 엘리자베스와의 결혼으로 이 약점이 보충되어 둘은 서로에게 도움이 되는 행복한 결혼생활을 하게 된다.

3. 조지 위컴 George Wickham

민병대의 장교인 위컴은 외모가 수려하고 매너가 좋고 말을 잘하여 모든 사람이 좋아한다. 메리튼에서 다아시와 마주친 후 교묘한 말솜씨와 거짓으로 다아시에 대한 혹평을 유포시킨다. 다아시의 아버지가 자신에게 성직록을 주겠다고 약속했었는데 다아시가 그것을 주지 않아 자신의 인생을 망쳐놓았다는 것이다. 그러나 사실 위컴의 아버지는 다아시 아버지의 재산관리인이었는데, 다아시의 아버지가 위컴을 좋게 보아 케임브리지 대학까지 보내는 등 신사의 교육도 시키고 성직록도 주겠다고 약속했었지만, 다아시의 아버지가 돌아가신 후 위컴은 성직자가 되는 권리를 포기하겠다며 대신 법률을 공부하겠다고 돈을 요구하여 다아시는 3,000파운드를 주었었다. 그런데 몇 년 후 방탕으로 돈을 다 없앤 후 다시 성직자가 되겠다고 왔기에 이를 거절했던 것이었다.

이러한 사실을 알지 못하면서 엘리자베스는 다아시에 대해 좋지 않은 감정을 가지고 있던 차에 위컴의 외모와 매너에 매료되어 다아시를 혹평하는 그의 말을 전적으로 믿어 버린다. 그런데 엘리자베스와 가까이 지내던 위컴은 킹 양이 할아버지의 유산을 상속받자 킹 양을 쫓아다니기 시작한다. 킹 양과의 결혼이 뜻대로 되지 않자, 도박으로 많은 빚을 진 위컴은 리디아와 도피행각을 벌인다. 지난 여름 위컴은 다아시의 동생인 15살의 조지아나를 꼬여 도주하려 했었으나 실패했었는데, 이제 리디아와 결혼할 생각도 없이 함께 도주하는 것이다. 다아시가 나서서 위컴의 빚을 갚아주고 장교직까지 사주어 겨우 리디아와 결혼시켰지만, 평생 사람 구실을 제대로 못하는 겉만 번지르르한 사람이다.

4. 제인 베넷 Jane Bennet

베넷 가의 첫째 딸인 제인은 아름답고 착하고 따뜻한 마음을 가지고 있다. 메리튼 무도회에서 바로 빙리의 눈에 들게 되지만 가족들의 열등함 때문에 그와 쉽게 결혼할 수 없는 상황이다. 행동이나 태도가 올바르고 빙리를 좋아하면서도 그에게 잘 보이려는 노력을 한다거나 잔꾀를 쓸 줄도 모르는 그야말로 "집안의 천사" 같은 인물로서 마침내 빙리와 행복한 결혼에 이르게 된다.

그러나 이 소설에서 제인은 판단력이 부족하다는 큰 단점을 가진 것으로 제시된다. 그녀는 모든 사람을 좋게만 생각하는 성격이어서 판단력이 부족할 뿐 아니라, 어느 누구에 대해서도 판단을 하지 않으려고 하는 성격이다. 따라서 캐롤라인 빙리의 위선을 알아채지 못하며, 위컴의 됨됨이를 알아보지 못할 뿐 아니라, 엘리자베스로부터 그것에 대해서 듣고도 믿지 못한다. 그러므로 위컴이 리디아와 도망갔음을 알게 된 후에도 그들이 결혼할 것이라 믿는 순진함을 보인다.

전통적인 소설에서라면 여주인공이 될 인물이지만, 오스틴은 판단력이 부족한 제인에게 주인공이 아닌 보조적인 역할만 주고 있다.

5. 찰스 빙리Charles Bingley 및 두 누이Caroline Bingley와 Mrs. Hurst

찰스 빙리가 네더필드에 세 들어 오면서 이 소설은 시작한다. 그는 1년에 4천 내지 5천 파운드의 수입이 있는 부자 청년일 뿐 아니라 잘 생기고 성격과 매너가 좋아 모든 사람에게 호감을 주는 인물이다. 아버지가 상업으로 돈을 벌어 사회적인 지위가 올라가게 된 신흥부자 집안으로 누이인 헐스트 부인이나 캐롤라인 빙리는 속물근성을 보이며 거만하게 굴고 베넷 가가 사회적으로 열등함을 끊임없이 지적한다. 그러나 누이들과 달리 찰스 빙리는 베넷 가를 사회적으로 열등한 집안으로 폄하하지 않는다.

그런데 빙리는 스스로 판단하여 결정하기 보다는 다른 사람에게 쉽게 영향을 받는 단점을 가지고 있다. 때문에 제인을 좋아하면서도 다아시의 말을 듣고 그녀를 떠나는 실수를 한다. 이로 인해 이후 제인과 다시 맺어질 때까지 어려움을 겪는다.

6. 베넷 씨 Mr. Bennet

롱번의 소유주인 베넷 씨는 지적이며 재치와 유머를 갖춘 신사이다. 그는 엘리자베스를 제대로 평가할 줄 아는 아버지이며, 그와 엘리자베스는 지적이고 재치있고 유머를 갖춘 면에서 닮아 있다. 그의 아이러니는 작가 혹은 서술자와 같은 맥락에서 이루어지는 적이 많으며, 그의 유머는 독자들에게 많은 즐거움을 주는 원천이기도 하다.

그러나 지적이지 못한 배우자와 결혼 한 후 주로 서재에 머물며 책을 읽는 것과, 어리석은 아내와 딸들을 조롱하며 놀리는 일에서 즐거움을 찾는 것으로 소일하고 있다. 엘리자베스 외에는 누구와도 마음이 통하지 않는 그는 딸들을 교육하는 일을 포기하고 아내가 딸들을 어리석고 허영에 들뜨게 기르도록 방치하고 있다. 그의 무책임함은 제인과 엘리자베스의 결혼을 어렵게 하고, 리디아가 위컴과 도주하는 것을 방조하는 데 기여하게 되어 비판의 대상이 되고 있다.

7. 베넷 부인 Mrs. Bennet

아름다운 미모로 베넷 씨의 마음을 사로잡아 결혼하였으나 지적 능력이 떨어지고 성격이 변덕스럽고 남의 집을 방문하여 수다떨기를 즐기는 성격이다. 그녀에게 삶의 목표는 딸들을 결혼시키는 것이다. 베넷 씨의 재산은 남자들에게만 한사상속 되는데 베넷 부인은 아들을 낳지 못했기 때문에 남편이 죽으면 모든 재산을 잃을 수밖에 없으므로 그녀에게 딸들의 결혼은 생존을 위해 필수적인 것이다. 딸들을 결혼시키기 위해 갖은 수를 쓰지만 오히려 늘 상황만 악화시키며, 딸들이 결혼하게 되었다는 소식을 들으면 바로 환희에 빠지는 희극적 인물로 풍자의 대상으로서 독자들에게 많은 웃음을 유발시키고 있다.

8. 콜린즈 씨 Mr. Collins

베넷 씨의 재산은 남자들에게 한사상속되는데 그에게 아들이 없어 그와 가장 가까운 조카인 콜린즈가 상속을 받게 되어 있다. 교구목사이지만 기독교인으로서의 삶에는 전혀 관심이 없으며 오직 자기에게 성직록을 준 캐서린 여사에게 충성하고 교회가 하기로 되어 있는 예식을 집행할 뿐이다. "교만함과 비굴함, 자기 잘났음과 겸손"이 엉켜있는 어리석고 우스꽝스러운 사람으로서, 베넷 가의 딸들이 아름답다는 말을 듣고 한사상속을 "교정"하겠다고 베넷 가에 나타난다. 처음에는 제인을 마음에 들어 했다가 베넷 부인의 권고로 바로 엘리자베스에게로 마음을 바꾸어 청혼까지 하지만, 엘리자베스가 거절하자 사흘도 안되어 샬롯 루카스에게 청혼하여 결혼한다.

9. 샬롯 루카스Charlotte Lucas와 부모Sir William Lucas와 Lady Lucas

샬롯은 엘리자베스의 가장 친한 친구로서 지적이고 지각있는 27세의 여성이다. 아버지 윌리엄 루카스 경은 메리튼에서 상업으로 돈을 벌어 시장이 되고 기사작위까지 받은 후 사업에 염증을 느껴 시골 마을에 자리잡고 살고 있다. 어머니 루카스 여사는 베넷 부인과 어울려 친하게 지내는 별로 바람직하지 않은 인물이다. 그들에게는 여러 명의 자녀가 있는데 샬롯은 맏딸로서, 넉넉하지 않은 가정 형편에 얼굴도 예쁘지 않고 나이도 많아 결혼할 가능성이 별로 없는 상황에 놓여 있다. 엘리자베스가 콜린즈의 청혼을 거절하자 그를 격려하여 자신에게 청혼하도록 유도하여 결혼한다.

샬롯은 결혼을 높게 평가하지 않지만 가진 것 없는 여성에게 결혼이 유일한 "결핍에 대한 방부제"임을 알기에 콜린즈의 됨됨이를 꿰뚫어 보면서도 그와 결혼한다. 결혼 후 헌스포드에서 남편과 될수록 거리를 두고 부딪치지 않으며 지혜롭게 결혼생활을 유지하며 살아간다.

10. 메리, 키티, 리디아 베넷 Mary, Kitty, Lydia Bennet

베넷 가의 셋째, 넷째, 다섯째 딸인 이들은 아버지의 조롱의 대상이며 작가의 풍자의 대상이다. 메리는 책을 많이 읽고 피아노도 잘 치고 재예를 갖춘 인물이지만, 책이나 삶 속에서 항상 교훈을 찾아내되 사람들에 대한 따뜻한 마음이나 올바른 취향은 갖고 있지 않다. 그녀는 남들에게 자신의 유식함을 보여주려는 허영에 빠져 있을 뿐이다.

리디아는 이 집안의 막내로 15살 밖에 되지 않았지만 딸들을 결혼시키는 것이 목표인 베넷 부인 밑에서 일찍이 사교계에 나왔다. 장교들을 쫓아다니기를 좋아하여 항상 메리튼에 가곤 하며, 군인들이 메리튼을 떠나 브라이튼으로 가자 거기까지 쫓아갔다가 결국 위컴과 눈이 맞아 도피행각까지 감행한다. "동물적 활기"를 가지고 있지만, 도덕적인 판단을 할 수 있도록 제대로 교육받지 못한 리디아는 결국 자신과 결혼하고 싶어하지도 않고 생각도 건전하지 못한 위컴과 결혼하여 언니들에게 재정적으로 기대어 살아간다.

키티는 생각이 모자라고 성미가 급하고 특히 동생인 리디아의 영향을 많이 받아, 리디아와 함께 군인들을 쫓아다닌다. 그러나 리디아가 위컴과 결혼하여 떠난 후, 엘리자베스와 제인의 영향력 하에 놓이자 성격이 많이 개선되게 된다.

11. 가디너 부부Mr. and Mrs. Gardiner

베넷 부인의 남동생인 가디너 씨는 상업에 종사하고 있으며 런던의 고급주택가가 아닌 칩사이드Cheapside에 살고 있다. 캐롤라인 빙리나 캐서린 여사는 엘리자베스의 외가가 사회적으로 지위가 낮은 계층임을 보여주는 증거로 이 사실을 거론하곤 한다. 그러나 가디너 씨는 지각있고 신사다운 사람이며 교육도 잘 받아서 이 계층에 속한 인물이 존경받을 만한 사람일 수 있음을 보여준다.

가디너 부인 또한 지적이고 우아하고 지각있는 사람으로 엘리자베스에게 중요한 조언을 해주고 이끌어주는 역할을 하고 있다. 펨벌리에 엘리자베스를 데리고 갔다가 다아시를 만나게 되는데, 이들을 만난 다아시는 엘리자베스에게도 지각있는 친척이 있음을 알게 되고, 엘리자베스와 결혼한 후에도 가깝게 왕래하며 지내게 된다.

12. 조지아나 다아시 Georgiana Darcy

다아시의 여동생으로서 다아시보다 열 살 이상 어리다. 아버지가 돌아가신 후 자신을 돌보아주는 오빠에게 존경과 두려움을 가지고 있다. 위컴이 경제적인 목적으로 조지아나를 꼬여 도주할 계획을 세웠었는데 오빠에게 고백하여 화를 면했다. 위컴은 엘리자베스에게 조지아나가 거만하다고 흉을 보았지만, 후에 엘리자베스가 만난 조지아나는 단지 수줍음이 많을 뿐이다.

엘리자베스가 오빠와 결혼한 후 엘리자베스와 서로 사랑하며 지낸다. 또한 엘리자베스가 오빠를 자주 놀리고 장난치는 것을 보고 놀랄 뿐 아니라, 열 살 아래인 여동생으로서는 감히 할 수 없는 자유로운 행동을 아내는 남편과 할 수 있다는 것을 배우게 된다.

13. 캐서린 여사 Lady Catherine de Bourgh

캐서린 여사는 귀족의 가장 좋지 않은 면을 대표하고 있는 인물이다. 그녀의 저택인 로징즈는 사치스럽고 화려하며, 그녀의 삶은 귀족 계층에 대한 존경을 모든 사람에게 요구할 뿐 아니라 주위 사람들의 모든 일에 간섭하고 명령한다. 심지어는 날씨까지 마음대로 정하려고 한다고 표현될 정도이다. 조카인 다아시와 자기 딸을 결혼시키려는 계획을 가지고 있는데 엘리자베스와 다아시가 결혼할 것 같다는 소문을 듣게 되자 엘리자베스를 찾아와 다아시와 약혼하지 않겠다는 약속을 얻어내려고 모욕적인 언사를 서슴치 않는 이기적이고 무례한 인물이다.

14. 피츠윌리엄 대령 Colonel Fitzwilliam

다아시의 이종사촌으로 백작의 아들이지만 맏아들이 아니어서 사회적 지위를 유지하기 위하여는 돈 많은 여자와 결혼해야 한다고 생각한다. 그러므로 엘리자베스가 헌스포드에 머무는 동안 다아시와 함께 자주 찾아와 그녀에게 호감을 보이면서도 더 이상 다가오지는 않는다. 지각있고 예의바른 사람이지만 결혼에 있어서는 물질적인 것을 중시하는 한계를 가진 인물이다.

JANE AUSTEN
Pride and Prejudice

IV. 작품의 구조, 언어, 테크닉 분석

IV. 작품의 구조, 언어, 테크닉 분석

A. 작품의 구조 : 두 구혼자 관례

진 케날드Jean E. Kennard는 제인 오스틴이 영국 소설의 전통에 "두 구혼자 관례two suitors convention"를 확립했다고 평가한 바 있다. 『이성과 감성』이나 『오만과 편견』과 같은 소설 제목에서도 드러나고 있듯이, 오스틴은 18세기 산문 작가들이 사용하던 대조법antithesis을 받아들였다. 또한 이러한 대조법을 작품의 구조로 발전시키고 주제와 긴밀히 연관시킴으로써 "두 구혼자 관례"를 확립하게 된다. 오스틴의 대부분의 소설에서 여주인공은 두 남자에게 끌리는데, 그 중 하나는 오스틴이 높게 평가하는 면모를 갖춘 사람인 반면에 다른 하나는 그렇지 못한 사람이다. 여주인공은 두 사람을 올바로 구분할 수 있어야 하고 이를 위해서는 여러 가지 덕목을 갖추어야 하는데 여주인공이 갖추어야 하는 덕목은 작품에 따라 다양하게 그려지며 각 작품의 주제와 연결되고 있다.

『오만과 편견』은 당시 소설의 형식을 따라 3권으로 구성되어 있다. 제1권은 베넷 가, 루카스 가, 그리고 빙리 가 등 이 소설의 핵심을 구성하고 있는 가문의 인물들의 성격이 묘사되고 그들의 사회적 배경이 규정되며, 서로 비교 및 대조를 통해 오스틴 특유의 "시골 마을의 세 네 가정"을 확실히 설정하게 된다. 특히 여주인공인 엘리자베스를 둘러싼 남자들, 즉 다아시, 위컴, 콜린즈와의 관계가 그려지는데, 콜린즈의 경우 엘리자베스에게 청혼했다 거절당하자 3일만에 샬롯에게 청혼해버림으로써 엘리자베스와의 관계는 끝나고 만다. 반면 다아시와 위컴은 고향에서의 복잡했던 과거가 엘리자베스와의 관계와 얽히면서 갈등 구조를 발전시키게 되고, "두 구혼자"로 떠오르게 된다.

제2권에서는 엘리자베스와 다아시의 관계가 발전되면서 다아시가 청혼을 하게 되지만, 엘리자베스는 그가 위컴에게 한 일에 대해 오해하고 있으며, 이에 근거하여 그의 청혼을 거절한다. 제2권에서 위컴은 할아버지의 재산을 상속받은 킹 양을 따라다니게 되어 엘리자베스의 "구혼자" 역할을 계속하지는 않지만, 엘리자베스로 하여금 계속해서 다아시를 오해하게 만들고 다아시에게 마음을 주지 않게 하는 역할을 함으로써 "두 구혼자"의 기능을 계속 한다.

다아시의 청혼과 엘리자베스의 거절은 이 소설의 구조상 정 중앙에 위치해 있다. 이 시점은 엘리자베스가 좋은 구혼자와 나쁜 구혼자를 제대로 구분해 내어야 하는 시점인데, 이 일을 할 수 있으려면 외양을 뚫고 진실을 볼 수 있는 판단력을 갖추어야 한다. 지적이고 발랄한 엘리자베스는 사람의 성격을 잘 알아볼 수 있는 능력을 가지고 있다고 스스로 자부하지만 그 능력을 제대로 발휘해야 하는 시점에 오히려 정반대의 잘못된 판단을 하고, 이로 인해 다아시라는 훌륭한 남자의 청혼을 거절하는 커다란 실수를 저지른다. 청혼을 거절당한 후 그가 보낸 편지를 받았을 때, 엘리자베스는 서로 자기의 주장이 옳다고 하는 두 남자 사이에서 누구 주장이 옳은지를 혼자 이성을 사용하고 정확한 판단력을 동원하여 구분해 내어야 한다. 어느 쪽의 주장이 옳은지를 깨닫게 되는 이 시점은『오만과 편견』의 핵심이며, 엘리자베스가 한없이 '작은 나'를 직시하고 성장을 시작하는 출발점이 된다.

제3권에서 변화한 엘리자베스와 다아시가 다시 만나지만, 위컴이 리디아와 도피행각을 벌이는 바람에 두 사람의 관계가 순탄하게 진전되지 못한다. 그러나 이 일은 엘리자베스로 하여금 다아시에 대한 사랑의 마음을 깨닫게 하는 역할을 하며, 다아시에게는 엘리자베스에게 자신의 진정한 모습과 마음을 보여줄 기회를 제공하는 역할을 하게 되어, 두 사람으로 하여금 진정한 이해와 사랑에 이르게 한다. 제3권에서 "두 구혼자 관례"의 역할은 "좋은" 구혼자인 다아시의 가치를 증명하고 "나쁜" 구혼자인 위컴은 얼마나 형편없는 사람인지를 증명하는 것이다.

『오만과 편견』의 작품 구조는 여주인공인 엘리자베스가 다아시와 위컴이라는 "두 구혼자" 사이에서 어떤 사람이 올바른 사람인지 깨달아가는 여정에 따라 구성되어 있으며, 그 깨달음은 여주인공이 사람을 제대로 이해하고, 세상을 제대로 이해하고, 자신을 올바로 이해하는 것과 연결되어 있다. 『오만과 편견』의 작품 구조는 오스틴이 주제를 발전시키는 데에 핵심적 역할을 할 뿐 아니라 플롯을 통해 잘 작동하는 뼈대로서 "두 구혼자 관례"를 확립시키는 데에 중요한 역할을 함으로써 영국 소설의 전통 확립에도 크게 기여하고 있다.

B. 문체와 언어 : 아이러니와 풍자

제인 오스틴의 문체와 언어의 가장 큰 특징은 작가의 대변자인 서술자를 통해 발현되는 아이러니irony와 풍자satire라고 할 수 있다. 케이트 풀브룩Kate Fullbrook이 "희극적 부정the comic negative"이라고 명명하기도 한 오스틴의 뛰어난 어법은 강렬하고 전복적인 기지wit에서 오는 유머humour라고 할 수 있는데, 권위가 누리는 자족적 자만심을 웃음을 통해 무너뜨리고 스스로 안전하고 잘났다고 생각하는 것들을 아이러니를 통해 풍자한다. 모든 사람들의 공통적인 경험이라고 할 수 있는 사랑과 결혼, 우정 등에 대해 당시 사회가 어떻게 보고 있는지, 특히 중산층이 어떻게 보고 있는지를 그리면서, 그 안에 숨겨진 권력구조, 즉 부와 사회적 지위, 가부장제 등에 대해 전복적인 웃음을 유발시키고 있는 것이다.

『오만과 편견』은 첫 문장부터 유명한 아이러니로 시작되고 있다. "보편적으로 인정되는 진리a truth universally acknowledged가 있으니 그것은 재산을 많이 소유한 미혼 남자는 아내를 필요로 하는 것이 틀림없다는 것이다"라는 정의이다. 그런데 "보편적 진리"라고 주장하는 것의 내용은 무엇인가? 첫 구절, 즉 "보편적으로 인정되는 진리가 있으니"를 읽을 때에는, 뭔가 정말 대단한 진리를 주장하려는가 보다 생각하지만, 그 문장을 끝까지 읽고 나면 빙긋이 웃음이 나오게 된다. 진리라고 주장하는 내용이 재산이 많은 남자는 반드시 아내를 필요로 한다는 것이기 때문이다. 여기에서 서술자가 심각한 어조나 철학적 어조가 아닌 풍자적인 어조를 취하고 있음을 독자들은 바로 깨달을 수 있다. 돈 많은 남자는 부인을 원하게 되어 있고 그것이 보편적인 진리야, 라고 서술자가 말을 시작할 때 독자들은 첫 문장에서부터 바로 제인 오스틴의 풍자의 세계로 돌입하게 되는 것이다.

두 번째 문장에서는 서술자의 아이러니가 심도를 더한다. 그런 남자가 어떤 감정을 가지고 있고 무슨 생각을 하고 있는지 아무리 알려진 것이 없다 할지라도, 이 진리는 이웃 사람들의 마음에 아주 확고히 자리 잡고 있는 것이어서, 이웃 사람들은 모두 우리 딸 중의 하나와 결혼할 것이라고 생각하고 우리가 "권리를 주장할 수 있는 자산rightful property"이라고 생각한다고 하기 때문이다. 이는 저 남자를 우리 집의 사위로 얻어서 그 재산을 우리 것이 되게 하겠다는 생각을 모두들 가지고 있다는 즉 결혼을 통하여 재산을 획득하려고 하였던 당시 사회에 대한 강렬한 풍자이다.

그런데 제인 오스틴의 풍자는 차갑고 냉소적이고 싸늘한 것이 아니라 유머러스한 아이러니를 통해 제시되고 있다. 당시 결혼시장에 대한 풍자의 경우, 그것이 가지고 있는 비인간적이고 상업적인 면에 대해서는 강렬하고 냉소적인 비판을 제기하면서도, 다른 한편으론 결혼 외에는 자신의 삶을 영위할 방법이 없었던 많은 여성들의 상황에 대한 이해를 포함하고 있어서 양면성을 지니고 있다.

작가 혹은 서술자와 가장 유사한 문체와 언어를 구사하는 인물은 엘리자베스이다. 엘리자베스가 "나는 현명하거나 선한 것을 조롱하기를 원하지 않는다. 어리석음, 터무니없음nonsense, 변덕, 모순은 정말 나를 즐겁게 함을 인정하며, 할 수 있을 때마다 그것들을 놀리며 웃는다"라고 말했을 때 그것은 작가의 태도를 대변한다고 볼 수 있다. "어리석음, 터무니없음, 변덕, 모순"의 소유자로서 마음껏 풍자의 대상이 되고 웃음의 대상이 되고 있는 인물로 베넷 부인과 콜린즈 씨를 들 수 있다.

베넷 부인은 "이해력이 뒤떨어지고, 정보가 거의 없으며, 성질이 변덕스러운" 전형적 인물이다. "딸들을 결혼시키는 것이 그녀 일생의 사업임"을 아는 것 외에는 다른 생각이 없이 그것을 위해 돌진하는 베넷 부인은 남녀가 함께 있으면 불꽃이 인다는 것을 아는 동물적 감각을 가지고 딸들과 남자들을 어떻게 해서든 함께 있게 하려는 갖은 꾀를 쓴다. 그녀의 말은 짧은 문장의 연속이며 끊임없이 과장법을 사용한다. 메리튼에서 열린 무도회를 남편에게 보고할 때 그녀에 따르면 제인은 "어떤 비교도 있을 수 없을 만큼 모두에게 칭찬받았으며," 빙리는 "그렇게 지나치게 잘생겼고," 그의 누이들의 옷은 "그 옷들 보다 더 우아한 것을 내 평생 본 적이 없으며," 다아시는 "가장 불쾌하고, 역겨운 사람"이었다고 한다. 빙리에 대한 관심이 지나쳐서 풍자의 대상이 되는 만큼 다아시에 대한 혐오 또한 지나쳐서 웃음을 유발한다. 그런데 다아시가 엘리자베스에게 청혼한 것을 들은 다음 태도가 돌변한 그녀가 보이는 반응은 대여섯 단어의 짧은 문장의 연속과 19개의 감탄사로 이루어져 있다. 특히 경제적 곤란에 대한 두려움과 뒤엉켜 있는 과도한 감상성은 그녀의 언어 스타일을 통해 여실히 전달되고 있다.

콜린즈의 우스꽝스러움은 롱번을 방문하겠다는 편지에서는 물론 롱번에 처음 나타나서 하는 행동을 통해서 여실히 드러난다(1권 13장-18장 해설 참조). 그가 엘리자베스에게 하는 청혼에도 어리석음과 터무니

없음이 잘 나타난다. 그의 청혼의 말에 따르면 첫째, 자신처럼 안정된 상황에 있는 목사에게 결혼은 그의 교구민들에게 결혼생활의 예를 보여줄 수 있으므로 옳은 일이라고 주장한다. 둘째, 결혼을 통해 자신의 행복이 증대될 것이고, 셋째, 자신의 후원자인 캐서린 여사의 특별한 충고와 추천 때문에 결혼하려는 것이라고 한다. 그리고 베넷 씨의 재산을 모두 물려받을 사람으로서 베넷 씨의 딸들 중 하나와 결혼해줌으로써 상실을 최소화시켜주겠다는 것이다. 이러한 이유들을 길게 대는 것이 소위 그의 청혼이다. 거기에 존경이나 사랑은 언급되지도 중요하게 간주되지도 않으며 그의 청혼의 가장 중요한 요소는 오직 편리함이라고 할 수 있다. 그의 어투는 경직되고 잘난 척하는 것이며 어리석어 보이는데 이것이 바로 그의 인물됨 자체를 드러낸다.

반면 베넷 씨의 언어는 유머와 풍자로 가득 차 있다. 베넷 부인의 외모에 넘어가 잘못된 판단으로 결혼한 후 무지하고 생각없는 아내 때문에 가정의 행복을 포기하고 서재에서 책이나 읽으면서 사는 베넷 씨에게 유일한 즐거움은 어리석은 아내를 놀리고 아내를 닮은 딸들을 놀리며 웃는 것이다. 그런 면에서 엘리자베스나 작가와 많이 닮아 있다. 그러나 가장으로서 아내의 부족함을 놀리며 웃기만 할 뿐 딸들을 제대로 교육하기를 포기한 그의 삶은 작가에 의해 비판되고 있기도 한데, 베넷 씨의 단점에 대한 작가의 비판적 태도는 본문 해설(2권 15장-19장)에서 다루었으므로, 여기에서는 베넷 씨의 따뜻한 유머와 풍자가 구사되는 부분을 살펴보겠다.

예를 들어 3권 13장에서 제인이 빙리의 청혼을 받은 것을 축하해 주는 부분에는 베넷 씨 특유의 유머 속에 딸의 결혼생활에 대한 아버지로서의 진지한 걱정이 묻어난다. "너는 착한 아이고, 네가 행복하게 정착할 생각을 하니 대단히 기쁘다. 너희들은 매우 잘 해낼 것이라는 것을 의심하지 않는다. 너희들 성격은 결코 다르지 않으니 말이다. 너희들은 각자 너무 남의 말을 잘 들어서 아무 것도 결정을 못할 거다. 성격이 너무 좋아서 모든 하인들이 속여 먹을 거야. 너무 관대해서 항상 수입보다 더 쓸 거야." 그의 말은 기쁜 마음으로 시작하여 걱정으로 끝나고 있지만 그 걱정은 유머를 통해 표현되고 있다. 사실 빙리는 아버지에게 물려받은 재산으로 토지를 사야 하는 입장이지만, 그는 속편한 사람이어서 시간과 돈을 낭비하고 있다. 또한 여자에게 청혼하는 일에서도 자신의 판단이 확고하지 못하여 다아시의 뜻대로 움직였었다. 베넷 씨는 빙리의 그런 성격을 꿰뚫어 보고 있고 또 제인도 그와 유사한 성격을 많이 가지고 있음을 알기에 자신의 염려를 이런 어법을 통해 표출하고 있는 것이다.

C. 작품의 기법technique : 자유간접화법

제인 오스틴의 아이러니와 풍자가 훌륭히 발현되는 것은 그녀의 문체와 언어 뿐 아니라 뛰어난 서술기법에 기인한다. 일찍이 이안 와트는 『소설의 발생』에서 18세기 영국에서 소설이라는 문학 장르가 발생했을 때 두 가지 중요한 양식이 있었음을 분석하면서, 제인 오스틴이 이 두 가지 양식의 장점을 극대화하고 단점을 극복함으로써 근대소설을 확립하였다고 평가하였음을 앞에서 설명한 바 있다. 즉 리차드슨의 서간체 소설이 인물의 복잡하고 섬세한 내면을 전달하는 데 있어서 효과적이었지만, 인물의 심리를 넘어선 사회적 문제를 다루는 데 있어서 한계를 가지고 있었던 데 반해, 필딩은 권위있는 전지적 서술자 기법으로 사회의 다양한 문제를 다루는 데 있어서는 효과적이었으나 독자들이 인물의 내부에 빠져들지 못하게 하는 단점을 가지고 있었는데, 제인 오스틴은 그들이 가졌던 좋은 점을 계승하며 문제점은 해결하였던 것이다.

오스틴이 리차드슨과 필딩이 가진 문제점을 해결한 기법은 자유간접화법free indirect discourse의 사용이었다. 자유간접화법이란 전지적 서술자가 삼인칭 서술을 하면서도 인물의 마음 속을 자유롭게 드나들며 인물이 생각하고 느낀 것을 인물의 관점에서 이야기해 나가는 서술 방식이다. 자유간접화법을 사용함으로써 서술자는 전지적 관점을 견지하면서도 필요에 따라 인물의 관점에서 서술할 수도 있게 되는 것이다. 오스틴의 서술자는 전지적 관점을 가지고 있지만 필딩의 서술자처럼 주제넘게 나서서 모든 것을 평가하고 자신의 기준을 제시하지 않는다. 오히려 리차드슨의 서간체 소설에 나오는 인물들의 마음이 그들이 쓰는 편지를 통해 섬세하게 표현되듯이, 오스틴의 서술자는 등장인물의 관점에서 복잡하고 섬세한 인물의 내면을 서술해나간다. 서술자가 삼인칭 전지적 서술을 하면서도 등장인물의 마음을 섬세하게 표현할 수 있는 것은 바로 자유간접화법을 통해 등장인물의 마음 속을 쉽게 넘나들기 때문이다. 삼인칭 전지적 서술은 사회적 · 도덕적 관점을 제공하는 반면에, 자유간접화법은 인물들의 주관적 관점들을 유연하게 제공하게 되어, 이 두 가지 관점은 일종의 대화 관계에 놓이게 되는 것이다.

이에 따라 전지적 서술에 의해 제시되는 객관적 도덕성과 자유간접화법에 의해 전달되는 개인적 주관성 사이에는 일종의 긴장관계가 발생한다. 그래서 전지적 서술자의 관점과 주관적 인물들의 관점이 뒤섞인 오스틴의 서술기법에 대해 어떤 비평가들은 인물의 관점들에 의해 전지적 서술이 걸러짐으로써 도덕적 통일성이 방해받고 있다고 주장하기도 한다. 반면에 어떤 비평가들은 서간체 소설에 나타났던 제멋대로의 주관성과 도덕적 무정부상태에 분명한 도덕적 기준을 제시하게 되었다고 평가하기도 한다. 그러나 제인 오스틴의 작품에서 읽을 수 있는 객관적 도덕성과 개인적 주관성 사이의 갈등을 하나의 기준에서만 해석하려는 것은 작품의 의미를 파악하는 데 효과적이지 않다. 오스틴은 사회적

· 도덕적 관점을 제시하면서도 그것을 제시하는 방식은 인간의 심리를 솔직하고 철저하게 분석하는 유연성에 기초하여 했기 때문이다.

또한 제인 오스틴의 서술기법은 권력이 가진 잔인하고 위선적인 요소들에 대해서는 냉소적인 아이러니를 통해 비판하고 있지만, 권력에 의해 희생되는 자들에 대해서는 따뜻한 이해를 표현하고 있기도 하다. 이러한 오스틴의 관점은 여성의 경험에서 출발한다. 여자들은 열악한 교육 밖에 받을 수 없었고 물질적으로 남자들에게 의존할 수밖에 없으며 남자들과의 관계 속에서 지위가 결정되었던 가부장제 사회에 대한 비판은 오스틴의 풍자가 발생하는 출발점이다. 이 지점에서 오스틴은 구애의 기간을 소설의 핵심 주제로 다루고 있다. 그 기간은 힘없는 여성이 유일하게 "아니요"라고 말할 수 있는 권한을 가지는 기간이라고 할 수 있기에 여성이 주체성을 확립하고 판단력을 발휘할 수 있는 기간이라고 할 수 있다. 그러나 다른 한 편 이 기간은 여성들이 선택할 수 있는 것이 실제로 얼마나 적으며 또한 여성들이 얼마나 상처입기 쉬운 존재인지를 드러내는 기간이기도 하다. 그러므로 오스틴의 서술자는 전지적 관점을 통해 이러한 사회적 문제점들을 드러내는 한편 자유간접화법을 통해 힘없는 여성들의 내면을 보여준다. 오스틴의 서술기법은 문제적인 사회에 대해서는 냉엄하고 날카로운 풍자를 가하는 한편 그러한 사회의 이데올로기로 인해 희생당할 수밖에 없는 인물들에 대해서는 따뜻한 이해를 동시에 표출할 수 있는 것이다.

JANE AUSTEN

Pride and Prejudice

V. 에세이 주제와 답

V. 에세이 주제와 답

A. 제인 오스틴은 사랑과 결혼을 다룬 작가라고 흔히 이야기된다. 『오만과 편견』에 등장하는 다양한 결혼의 모습을 통해 제인 오스틴이 결혼을 어떻게 생각하고 있는지 논해 보자.

제인 오스틴은 사랑과 결혼을 이야기하는 로맨틱한 작가라는 인상을 가지고 있는 경우가 많다. 특히 제인 오스틴의 작품들이 영화화되면서 이러한 인상은 더욱 심화되기도 했다. 그러나 이 소설에서 다루어지는 결혼한 여러 쌍의 부부를 살펴보면 실제로 제인 오스틴이 결혼에 대하여 낭만적인 생각을 가지고 있지 않았음을 알 수 있다. 오히려 주인공들의 이상적인 결혼은 수많은 불행한 결혼을 배경으로 하고 있으며, 주인공들이 그러한 불행한 결혼의 위험성을 피할 때에만 가능한 어렵고 힘든 일로 그리고 있다.

『오만과 편견』에는 여러 부부의 모습이 묘사되고 있는데, 베넷 부부, 루카스 부부, 콜린즈 부부, 위컴 부부, 가디너 부부 등이 있다. 베넷 부부는 행복하지 못한 결혼의 모습을 가장 적나라하게 보여준다. 한 때 베넷 부인의 외모에 빠져 결혼한 베넷 씨는 결혼 후 얼마되지 않아 아내의 무지와 어리석음을 깨닫게 되고 좌절하여 결혼생활의 행복을 포기하고 서재에 박혀 책이나 읽으며 살고 있다. 그의 유일한 즐거움은 아내와 아내를 닮은 딸들의 어리석음을 놀리며 웃는 것이다. 이것은 남편이 즐겨야 할 일이 전혀 아닐 뿐 아니라 가정에 대한 아버지로서의 책임을 회피한 것이어서 그의 딸들은 제대로 교육을 받지도 못하고 제대로 된 판단력을 배우지도 못한다. 베넷 부인은 남편의 놀림감이지만 이것이 비참한 일인지도 자각하지 못하는 인물로 오직 딸들을 결혼시키는 일에

만 열중하고 있다. 이처럼 부모의 불행한 결혼생활을 보는 엘리자베스는 결혼생활이 주는 행복이나 가정적인 행복에 대해 아름다운 그림을 그려 보기가 어렵다.

루카스 부부도 별로 행복한 결혼의 모습은 아니다. 상업으로 돈을 벌어 작위까지 얻은 루카스 경이지만 작위를 얻은 후 상업을 그만 두어 재정적인 어려움에 직면해 있고, 루카스 부인 역시 베넷 부인과 별로 다르지 않은 인물로 베넷 부인과 잘맞는 친구 사이이다. 이러한 상황은 결국 딸인 샬롯이 콜린즈와 존경도 사랑도 없이 결혼하게 하는 결과를 초래한다. 콜린즈는 목사이지만 종교적인 열정이나 사랑은 전혀 없이 오직 자신에게 성직록을 준 캐서린 여사에게 충성하면서 자신이 잘났음에 빠져있는 우둔한 사람이다. 그에게 존경도 사랑도 느끼지 못하지만 샬롯이 그와 결혼하는 것은 결혼하지 못한 여자가 겪게 되는 경제적인 결핍으로부터 벗어나고자 하는 한 가지 목적에서였다. 자신을 내조할 여자가 필요했던 콜린즈와 자신에게 경제적인 밑받침과 사회적 지위를 제공할 남자가 필요했던 샬롯의 결혼생활은 가정적인 행복과는 거리가 먼 것이다.

위컴과 리디아의 결혼은 더욱 암울한 모습이다. 위컴은 돈을 목적으로 조지아나와 도주를 꾀했었고 킹 양과 결혼하려고 했던 사람이다. 그런데 도박으로 빚을 많이 지게 되자 도피를 위해 (결혼할 계획 없이) 리디아와 도주를 했다가 다아시의 중재로 리디아와 결혼하게 된다. 리디아는 장교들에 빠져 그들을 쫓아다니다가 위컴을 좋아하게 되고 생각없이 함께 도주했었다. 생각없고 감상적인 베넷 부인을 가장 닮은 리디아는 무지하고 맹목적이며, 결혼한 여성으로서의 지위를 누리는 것에 만족한다. 그러나 그들은 엘리자베스와 다아시, 제인의 재정적인 도움에 기대어 살면서 사랑이나 행복과는 거리가 먼 결혼생활을 이어가고 있다.

반면 가디너 부부는 지위나 계층에 상관없이 지각있는 사람들이 행복한 부부로 살아가는 모습을 보여주고 있다. 가디너 씨는 상업에 종사하고 있지만 다아시를 만나서 이야기를 나눌 때 나타나듯이 지각있고 예의범절을 지킬 줄 안다. 가디너 부인 또한 엘리자베스에게 올바른 충고를 해줄 수 있는 유일한 친척이다. 이들 부부의 모습은 엘리자베스가 부모에게서 볼 수 없었던 행복한 결혼의 모습을 보여주고 있다.

빙리와 결혼하는 제인은 착하고 마음 좋은 사람들이 이루어내는 무난한 결혼생활의 행복을 보여주고 있다. 그런데 이들은 마음이 착하고 좋은 사람들이지만 둘 다 스스로 판단하고 결정하는 능력이 부족하여 서로 사랑하면서도 결혼에 이르지 못할 위험을 겪어야 했다. 즉 제인은 착하기만 하지 사람을 올바로 판단할 수 있는 능력이 없다. 빙리 또한 사람만 좋았지 제인을 좋아하면서도 제인이 자기를 좋아하는지 아닌지 올바로 판단하지 못한 채, 다아시가 제인이 빙리를 좋아하지 않는 것 같다고 하자 순순히 그의 말을 따라 제인을 포기했었다. 사람만 좋지 판단력이 부족한 이들 부부는 다아시와 엘리자베스가 가까이 있기 때문에 결혼에 도달할 수 있었고 또한 행복한 결혼 생활도 유지하고 있다고 할 수 있다.

엘리자베스와 다아시의 결혼은 서로의 약점을 보완해주는 가장 이상적인 결혼으로 제시되고 있다. 두 사람 모두 지적이고 판단력 있지만 오만과 편견이라는 단점을 극복할 때에야 비로서 결혼에 도달할 수 있었다. 또한 이들의 결혼은 엘리자베스로서는 다아시를 통해 세상에 대한 지식과 정보를 얻고 배우며 다아시로서는 엘리자베스의 쾌활함과 편안함을 배움으로써 서로의 약점을 보완해주는 결혼이 되고 있는 것이다.

이처럼 제인 오스틴은 결혼에 대해 결코 낭만적으로 생각하고 있지 않지만 또한 결혼에 대해 무조건 비판적이지도 않다. 결혼의 다양한 모습들을 제시하고 불행한 결혼과 행복한 결혼의 모습들을 비교하고 대조시킴으로써, 결혼을 이상화시키지 않되 이상적 결혼의 모습은 어떠해야 하는지를 제시하고 있다.

B. 제인 오스틴에 대해 시골 마을의 세 네 가정을 대상으로 사랑과 결혼을 그린 협소한 작가이며 당시 영국 사회 전반에 걸친 고찰이 부족하다는 비판이 있다. 반면에 제인 오스틴이 비록 시골 마을의 몇 몇 가정을 중심으로 그리기는 했지만 그들의 삶을 통해 당시 영국사회가 가지고 있던 중요한 문제들을 다루고 있다고 높이 평가하기도 한다. 자신의 입장을 정하고 논증해 보자.

제인 오스틴의 작품이 자신이 관찰할 수 있는 범위 안에서 시골 마을에 사는 몇 몇 중산층 가정을 중심으로 그린 것은 사실이다. 그러나 그 속에 당시 영국 사회의 중요한 문제들이 등장인물의 삶에 어떠한 영향을 주고 있는지를 녹여내고 있으며 이를 통해 사회비평의 중요한 목소리를 내고 있다. 제인 오스틴이 다루고 있는 사회 문제로는 계층 문제, 직업 문제, 여성 문제 등이 대표적인 것이다.

계층 문제의 경우『오만과 편견』에는 당시 영국 사회의 변화 속에서 다양한 계층이 존재하고 있었음을 보여주는 한편, 인물들을 통해 그 계층의 특성을 재현하고 있다. 소설에서 다루어지고 있는 "시골 마을의 세 네 가정"은 단순히 시골에 사는 동질적인 중산층 집안들이 아니라 당시 사회의 계층 구성을 보여 줄 뿐 아니라 급변하고 있던 계층적 변화의 양상을 드러내기도 하고, 당시 사회가 안고 있는 계층 문제들을 드러내고 있기도 한 것이다.

귀족인 캐서린 여사는 모든 사람을 마음대로 좌지우지하려는 안하무인격인 오만함과 자신보다 아래 계층에 속한 사람들에 대한 예의없는 언행, 그리고 물질중심적이고 계층중심적인 사고의 대표적인 인물로서 작품에서 강한 비판의 대상이 되고 있다. 그녀의 조카인 다아시의 가문은 더비셔에 대저택과 토지가 있는 상류 젠트리 계층이다. 작위가 있는 귀족 집안은 아니지만 재산과 지위, 그리고 긴 역사를 가진 상류층 가문이고, 다아시의 외가는 귀족 가문이다. 캐서린 여사의 집안이나 다아시 집안은 성직록 수여권을 가지고 있어서 상류층이 영국 국교에서 누리고 있는 권한을 보여 주고 있기도 하다. 그런데 오스틴은 캐서린 여사를 통해 귀족 계층에 대해 신랄한 비판을 하고 있는 것과는 달리 상류 젠트리 계층인 다아시 집안에 대해서는 상당히 긍정적으로 그리고 있다. 다아시의 아버지가 위컴에 대해 가졌던 따뜻한 보살핌의 마음이나, 다아시 자신이 지주로서 소작인이나 하인들에게 보이는 따뜻한 배려 등은 엘리자베스의 마음을 바꾸어 놓는 중요 요소이기도 하다.

루카스 가문이나 빙리 가문은 상업을 통해 부를 축적하여 신분 상승을 이루는 모습을 보여주고 있다. 윌리엄 루카스 경은 상업으로 돈을 많이 벌어 기사 작위를 얻게 되어 한 번 궁정에 간 적이 있는 인물이다. 당시 영국에는 상업이나 무역을 통해 부를 축적한다거나 또는 18세기에 일어난 산업혁명을 통해 공장주들이 부를 축적하는 경우들이 많이 생기게 되는데, 이런 것들을 통해서 신흥 부자들이 출현하게 되고 새로운 중산층이 만들어지기 시작하던 때였다. 윌리엄 루카스는 상업을 통해서 돈을 벌어 메리튼의 시장이 되고 그것을 통해서 기사 작위를 받게 되어 그의 이름 앞에는 귀족에게 붙이는 "경"이 붙는다. 그러나 귀족이 되었다는 자부심에 본업인 상업을 그만 두고 귀족 같은 생활양식을 취하는 바람에 집안은 경제적 어려움에 처해 있고, 이것은 결과적으로 지각있고 판단력 있는 딸 샬롯으로 하여금 어리석고 잘난 척하는 콜린즈와 결혼하게 하는 원인이 되고 있다.

빙리는 다아시의 친구이지만 다아시에 비해 재산이 적을 뿐 아니라 신분적으로도 하위인 신흥 부자 계층이다. 상업으로 돈을 번 아버지로부터 10만 파운드를 물려받은 빙리는 아버지가 생전에 이루지 못한 꿈, 즉 저택과 토지를 사려던 계획을 성사시키려 하지만 안이한 성격 때문에 그 일을 이루게 될 지는 확실하지 않다. 빙리에게는 거만하고 자만에 빠져있는 두 명의 누이가 있다. 이들은 자신들이 상업으로 돈을 번 신흥 부자에 불과하다는 사실을 잊고 좋은 가문 출신인양 행세하며, 특히 캐롤라인은 빙리에 기대어 살면서 다아시의 마음을 얻고자 아첨하고 엘리자베스를 헐뜯는다. 결혼하여 헐스트 부인이 된 또 다른 누이 역시 주로 빙리에게 기대어 살면서 캐롤라인과 같이 행동하고 있다.

베넷 가문은 젠트리 계층이지만, 안팎으로 어려움에 처해 있다. 베넷 씨는 롱번이라는 집과 토지를 소유하고 있는 신사이지만, 그의 재산이 한사상속 되어 있어서 아들을 낳지 못하는 경우에는 혈족 중 가장 가까운 남자에게로 상속되게 되어 있다. 그런데 그가 아들을 낳지 못하였기 때문에 그가 죽으면 바로 그의 모든 재산은 상속자인 콜린즈에게 넘어가고 그의 아내와 다섯 딸들은 살 곳도 없이 살던 집에서 쫓겨나야 하는 입장이다. 더구나 그가 미모에 끌려 결혼한 아내는 낮은 계층 출신이어서 캐서린 여사가 다아시와 엘리자베스의 결혼을 반대하는 중요한 요인이 되고 있다.

제인 오스틴은 이 소설에서 다양한 계층의 문제를 다루고 있을 뿐 아니라, 주요 인물들의 다양한 직업의 모습을 통해 직업의 문제를 다루고 있기도 하다. 다아시의 경우 지주로서의 모습이, 위컴은 군인으로서의 모습이, 콜린즈는 목사로서의 모습이 그들의 인물됨을 구성하는 중요한 면모로 묘사되고 있다.

네더필드에 머무는 동안 다아시의 모습은 단지 빙리의 친구로서 낯선 지역에 와 무도회에 참석하면서도 이 마을 사람들과 춤은 추지 않는 거만한 상류층의 모습이다. 그러나 펨벌리를 방문한 엘리자베스를 통해 독자들은 처음으로 지주로서의 다아시를 바라보게 된다. 그는 펨벌리에서 많은 하인과 소작인을 거느린 지주였으며, 그들을 행복하게도 불행하게도 할 수 있는 중요한 위치에 있는 인물이었음을 깨닫게 되는 것이다. 엘리자베스는 다아시가 지주로서 커다란 책임을 지고 있으며 그 책임을 충실히 해내고 있다는 것을 알게 되면서 그에 대한 사랑의 마음이 생기기 시작하고, 독자들 또한 다아시를 새롭게 평가하기 시작하게 된다.

민병대 장교로 나오는 위컴은 당시 민병대가 가졌던 문제점들을 잘 보여주는 예이다. 나폴레옹이 공격의 위협을 가하던 18세기 말부터 영국에는 민병대의 수가 급격히 늘어났으며, 영국의 각지를 누비고 다니며 주둔하였고 무도회장에서 춤을 추었다. 메리튼에 주둔하는 민병대 소속의 장교인 위컴은 나라를 지킨다는 생각은 없이 돈많은 여자와 결혼을 할 목적으로 군인이라는 지위를 활용하고 있을 뿐이지만, 사람들은 그가 어떤 사람인지에 대해서 알지 못한 채 그의 좋은 언변과 화려한 군복에 매료된다. 제인 오스틴은 화려한 군복 뒤에 고향에서 저지른 일들을 숨긴 채 재정적 · 성적 타락을 일삼는 위컴이라는 인물을 통해 당시 군인들이 불러일으키던 사회적 문제를 비판하고 있다.

교구 목사로 나오는 콜린즈 또한 이상적인 목사의 모습과는 거리가 멀다. 그는 캐서린 여사의 교구목사로서 성직록을 얻었다는 것에 특별한 자부심을 가지고 있으며, 자신의 중요성에 심취해 있고, 캐서린 여사에 대한 칭찬과 아첨을 통해 자기 자신을 높이려는 인물이다. 그는 하나님의 뜻을 따라 교구인들을 사랑으로 돌보겠다든가 하는 의식을 거의 가지고 있지 않다. 단지 캐서린 여사에게 충성을 다하는 것과, 영국 국교회가 담당하는 예식들을 잘 수행하는 것이 목사로서 자신의 할 일이라고 생각하고 있을 뿐이다. 콜린즈 목사에 대한 묘사를 통해 제인 오스틴은 당시 성직수여권을 가지고 있었던 귀족과 상류계층에 대한 비판과 함께 그들에게 성직록을 받은 목사들의 행태에 대한 비판을 감행하고 있다.

이처럼 제인 오스틴은 엘리자베스 주위에 지주, 군인, 목사라는 당시 남성들의 대표적 직업을 가진 인물들의 삶의 모습을 펼쳐 놓음으로써 자신이 잘 아는 세계를 벗어나지 않으면서도 깊이 있는 사회비평을 해내고 있다. 여성 문제는 제인 오스틴의 사회 비평이 가장 잘 나타나 있는 부분인데, 이는 다음 에세이 주제에서 다루도록 하겠다.

C. 제인 오스틴의 소설들은 당시 영국에서 논의되기 시작한 여성문제들을 깊이 있게 다루고 있다. 『오만과 편견』에 나타나 있는 대표적인 여성문제와 이에 대한 제인 오스틴의 관점에 대해 논해보자.

제인 오스틴은 『오만과 편견』에서 베넷 가의 딸들 특히 엘리자베스를 통해 여성의 교육, 결혼, 재산 상속과 같은 여성 문제를 심도 있게 다루고 있다.

영국 사회에서 여성문제가 본격적으로 거론되기 시작한 것은 보통 18세기 말에 출판된 메리 울스튼크라프트의 『여성권리옹호』로 부터라고 본다. 물론 그 전부터 여성의 권리 문제에 대한 논의들은 있어 왔지만, 루소의 『에밀』이 남성의 교육과 여성의 교육을 전혀 별개의 것으로 보며 여성은 남자를 위해 살아야 하는 존재로 교육시킬 것을 주장한 것에 대해 분노를 느낀 울스튼크라프트가 여자도 하나의 이성적인 사람으로 교육해야 한다고 본격적으로 주장했기 때문이다.

당시 여성교육은 재예才藝, accomplishments를 가르치는 것이었는데, 주로 그림, 노래, 피아노, 춤, 불어, 수예 등을 가르쳐 남성을 "즐겁게 하는 여성pleasing women"으로 성장시키는 것이 교육의 목표였다. 교육은 보통 가정 내에서 가정교사를 통해 이루어졌으며 학교에 가서 교육을 받는 것은 매우 드문 일이었다. 『오만과 편견』에서 재예의 문제는 빙리 양과 다아시의 대화 및 여기에 반대하는 엘리자베스의 논쟁을 통해서도 그 문제점이 드러나지만, 보다 더 본질적인 비판은 당시의 여성교육을 당연한 것으로 생각하는 콜린즈에 대한 비판을 통해 표출되고 있다.

콜린즈의 여성 교육관에 대한 비판은 두 가지를 볼 수 있다. 첫째는 그가 읽는 행동지침서를 통해서이다. 이 소설에서 처음부터 끝까지 비판적 풍자의 대상이 되고 있는 콜린즈는 롱번을 방문하여 식사와 차를 마친 후 베넷 가의 딸들 앞에서 책을 읽어주기로 한다. 베넷 가의 딸들은 소설을 내놓지만 콜린즈는 깜짝 놀라면서 자기는 절대로 소설을 읽지 않는다면서 제임스 포다이스의 『젊은 여성을 위한 설교집』을 골라 읽기 시작한다. 여자들은 순종적이고, 겸손하고, 항상 남자들을 즐겁게 해주어야 하고, 자기주장이 없이 남자에게 의존하여야 한다는 것이 이와 같은 행동지침서의 주된 교훈이다. 그가 책을 펼 때부터 하품을 시작한 리디아가 세 쪽을 넘기기 전에 다른 이야기를 시작해서 그의 글읽기가 그만 중단되고 마는 우스운 상황으로 끝이 나는 이 장면은 오스틴이 여성 교육을 기존의 행동지침서의 가르침과는 다른 관점에서 보고 있다는 것을 잘 시사해 주고 있다.

더욱 중요한 장면은 콜린즈가 엘리자베스에게 청혼하여 거절당하자 보이는 태도를 통해 나타난다. 캐서린 여사의 은혜로 목사가 되었고 베넷 가의 재산을 상속할 사람인 콜린즈는 자신의 청혼을 엘리자베스가 거절하리라고는 꿈도 꾸지 않았다. 그런데 엘리자베스가 자신의 청혼을 거절하자, 그 말을 믿지 않고 오히려 그녀의 거절이 "우아한 여성들"이 늘 그러하듯이 자기를 더 자극하기 위한 것이라고 생각한다. 가진 것이 없으므로 또 다른 청혼을 받을 가능성이 희박한 엘리자베스가 자기처럼 좋은 조건의 배우자를 마다할 수 없으리라는 판단 때문이었다. 이에 대해 엘리자베스는 "나 스스로 판단하게 허락해 달라"면서, 자신을, 그를 괴롭히려는 "우아한 여성"으로 보지 말고 가슴으로부터 진실을 말하는 "이성적인 사람"으로 보아달라고 간청한다. 엘리자베스를 통해 작가가 구현하려고 하는 여성의 모습은 '스스로 판단하는 여성', '이성적인 존재'인 것이다.

여성의 재산 문제는 베넷 가에서 심각하게 다루어지고 있다. 베넷 씨의 토지는 한사상속되는 것이어서 아들을 낳지 못한 그가 죽으면 재산은, 친척인 콜린즈에게 모두 넘어가게 되어 있으므로 베넷 부인이나 딸들은 거의 빈털털이가 될 수밖에 없다. 때문에 베넷 부인은 딸들을 부자 남자와 결혼시키는 것을 필생의 과업으로 삼고 있는 것이다. 베넷 씨의 재산을 상속받게 될 콜린즈는 자신의 중요성에 심취해 있으며 자기에게 교구목사직을 준 귀족인 캐서린 여사에게 아첨하는 것을 가장 중요한 일로 생각하고 있는 인물이다. 그러한 사람이 남자라는 이유로 베넷 씨의 모든 재산을 물려받게 된다는 것은 독자들로 하여금 한사상속이 여성들에게 초래하는 문제점을 더욱 절실히 느끼게 만들며, 베넷가의 딸들이 놓인 상황을 더욱 동정하게 만든다.

한사상속 문제가 아니더라도 여성들에게는 재산이 별로 돌아가지 않으므로 여성들로서는 결혼을 통해 재정적인 문제를 해결하는 것이 매우 중요하였다. 샬롯이 사랑하지도 존경하지도 않는 콜린즈와 결혼하는 것은 순전히 재정적인 안정을 얻기 위한 것이었다. 그러나 샬롯의 결정에 대해 부모도 형제도 애석하게 생각하지 않는다. 그들은 모두 노처녀로 늙어가는 샬롯에게 재정적인 부담을 느끼던 차에 그녀가 결혼을 하게 되자 모두 안도한다. 당시에 여자는 결혼 외에는 생계를 스스로 해결할 방법이 제대로 없었기 때문에, 결혼하지 못한 여자는 가족들에게 짐이 될 수밖에 없었던 것을 잘 보여준다.

제인 오스틴 자신도 아버지가 목사직을 맏아들에게 물려준 뒤 재정적인 어려움을 심각하게 경험해야했다. 결혼하지 않았던 제인 오스틴은 부모와 함께 목사관을 나와야 했고, 아버지가 돌아가신 뒤에는 더 큰 재정적인 어려움 속에 이곳저곳을 떠돌아다니며 살아야 했으므로 이 시기에 거의 글을 쓰지 못했다. 부잣집에 양자로 들어간 오빠가 초튼의 집을 쓰게 해 준 뒤에야 비로소 다시 글을 쓸 수 있었다. 오스틴은 결혼하지 못한 여성들이 어떠한 경제적 어려움을 겪게 되는지 몸소 경험하였고 이 문제를 작품 속에서 심도있게 다루고 있다.

D. 『오만과 편견』은 엘리자베스가 서구의 전통적인 “핵심 미덕cardinal virtues”을 배우고, 성장해 가는 과정으로 해석해 볼 수 있다. 엘리자베스가 함양하는 “핵심 미덕”은 어떤 것이 있는지, 또 그것을 어떻게 배워 가는지 설명해보자.

서구인들에게는 일곱 가지 “핵심 미덕”이라는 것이 있었다. 고대 철학에서부터 공정함justice, 신중함prudence, 절제temperance, 용기fortitude를 핵심 미덕으로 꼽아왔다면, 중세 이후에는 믿음faith, 소망hope, 자선charity을 합하여 일곱 가지를 핵심 미덕으로 꼽게 되었다. 이에 반대되는 것으로 “일곱 가지 대죄악the seven deadly sins”이 있었는데, 교만pride, 탐욕covetousness, 정욕lust, 분노anger, 대식gluttony, 질투envy, 나태sloth가 그것이었다.

제인 오스틴은 이 작품의 제목에서도 나타나듯이 7대죄악 중 첫 번째 것인 교만을 매우 중요한 문제로 다루면서 교만과 편견을 극복해야할 것으로 제시하는 반면, 공정함, 신중함, 절제, 용기는 엘리자베스가 획득해야 할 핵심 미덕으로 제시하고 이것을 어떻게 발전시켜 나가는지 보여주고 있다.

먼저 교만과 편견의 문제를 살펴보면, 이 두 가지는 대조되는 개념이기보다는 서로 일맥상통하는 것으로 제시되고 있다. 겉으로 보기에 다아시는 교만을 엘리자베스는 편견을 가지고 있는 사람으로 제시되는 것 같지만 엘리자베스의 경우 편견을 가지게 된 근본 원인은 자존심에 상처를 입은 것에서 기인하기 때문이다. 다아시와의 첫 만남에서 춤을 거절당하여 자존심(교만 혹은 오만으로 번역되는 “pride”는 또한 자존심으로도 번역될 수 있다)이 상한 엘리자베스는 다아시에 대해 교만한 사람이라는 편견을 가지게 되고, 반면에 자기에게 잘해주며 다아시를 비판하는 위컴에게는 예의바르고 좋은 사람이라는 잘못된 판단을 하게 되었던 것이다. 후에 다아시의 편지를 통해 진실을 알게 된 엘리자베스는 사랑 때문이 아니라 "허영vanity" 때문에 자신이 판단을 그르쳤다고 통탄하는데, "허영"이라는 단어는 보통 여자의 "교만"을 가리킬 때 사용된 단어이기도 하였다. 이렇게 볼 때 엘리자베스는 7대죄악의 하나인 교만 때문에 편견을 가지게 된 것이며, "오만과 편견"은 모두 엘리자베스가 극복해야할 단점을 가리킨다고 볼 수 있다.

이러한 단점을 극복하고 엘리자베스가 얻어가는 네 가지 핵심 미덕은 신중함, 절제력, 공정함, 용감함이다. 엘리자베스가 신중과 절제라는 미덕을 배우게 되는 것은, 위컴에게 점점 끌리고 있을 때 외숙모 가디너 부인의 충고를 받아들이면서이다. 가디너 부인은 위컴과의 관계가 신중치 못한 것이라면서 될수록 그와의 관계를 절제하라고 충고한다. 이 때 만일 엘리자베스가 감정에 빠져 신중하지 못하게 위컴에 대한 사랑에 빠져들었더라면 엘리자베스는 리디아와 크게 다르지 않은 길을 가게 되고 말았을 것이다. 그러나 엘리자베스는 가디너 부인의 충고를 받아들여 신중과 절제라는 미덕을 발휘함으로써 위컴이라는 위험한 인물에 빠져들지 않을 수 있었다.

엘리자베스가 공정함을 배우게 되는 계기는 다아시가 청혼을 거절당한 다음날 엘리자베스에게 편지를 주면서 공정하게 편지를 읽어달라고 했을 때였다. 이 때 엘리자베스는 전날 다아시가 청혼하며 했던 말들 때문에 매우 분노해 있는 상태였기 때문에 그의 편지를 읽어주고 싶은 마음이 생기지 않는다. 그러나 그의 제안을 받아들여 그의 편지를 읽을 뿐만 아니라, 믿기지 않는 그의 주장들을 감정에 치우치지 않고 공정하게 판단함으로써 진실을 깨닫게 된다.

엘리자베스가 용감함 혹은 강인함을 체득하게 되는 것은 캐서린 여사를 대하면서이다. 사실 로징즈를 처음 방문할 때 같이 갔던 루카스 경이나 머라이어는 귀족인 캐서린 여사 앞에서 떨려서 말도 생각도 제대로 하지 못한다. 그 때부터도 그들과는 달리 당당하게 생각하고 말했던 엘리자베스이기는 하지만, 다아시와 엘리자베스가 결혼할 것이라는 소문을 듣고 캐서린 여사가 롱번을 찾아 왔을 때 엘리자베스로서는 매우 어려운 처지에 놓일 수밖에 없었다. 이제 엘리자베스는 다아시를 사랑하고 있는데, 캐서린 여사는 그녀가 다아시가 결혼할 자격이 없음을 지적하며 다아시와 결혼하지 않겠다고 약속할 것을 요구한다. 이에 엘리자베스는 예의를 잃지 않으면서도 끝까지 자기가 원하지 않는 답을 하는 것을 거부함으로써 강인함의 미덕을 가지게 되었음을 보여주며, 이를 통해 마침내 다아시의 재청혼을 받게 된다.

『오만과 편견』은 엘리자베스의 정신적인 성장을 그리고 있는데, 그녀의 성장은 여러가지로 해석할 수 있지만, 이처럼 전통적인 "핵심 미덕"을 습득하는 과정으로 해석하는 것은 엘리자베스가 겪는 여러가지 일들의 의미를 서구 역사와 전통의 맥락에서 깊이 있게 볼 수 있도록 해주고 있다.

E. 제인 오스틴의 소설은 때로 "풍습소설novel of manners"이라고 불리기도 한다. 『오만과 편견』을 풍습소설의 하나로 볼 때 오스틴의 풍습에 대한 관점을 분석하고 특히 다아시와 관련하여 풍습의 문제를 어떻게 다루고 있는지 논해보자.

제인 오스틴의 작품에서 풍습은 대단히 중요한 요소로 등장하고 있으며, 이에 따라 제인 오스틴의 소설들은 "풍습소설"로 불리기도 한다. "풍습소설"이란 특정 계층의 가치나 관습, 언어, 행동 양식들을 다루는 소설로서 사회의 관습이 중요시되고 인물들은 그 기준을 충족시키면서 사는지 아닌지에 따라 평가된다. 풍습소설에서 개인의 꿈과 야망은 사회의 기준과 부딪히며 갈등하게 되고, 인물과 "manners" 즉 풍습 혹은 예의범절 사이의 관계는 이야기의 중요한 핵심을 이루게 된다. 오스틴의 소설에서는 18세기 말과 19세기 초 영국 시골 마을의 젠트리 계층의 관습이 중요하게 다루어지고 있다.

『오만과 편견』은 첫 장부터 이 점이 잘 나타나 있다. 이웃인 네더필드에 빙리라는 부자청년이 이사 오자, 이 소식을 들은 베넷 부인이 남편에게 네더필드를 방문해 달라고 조르고 있다. 이는 집안의 가장이 먼저 이웃을 방문해야 그 집의 남자가 답방을 오고 그런 다음에야 비로소 이 집의 딸들이 그 남자를 만나게 되는 것이 당시 풍습에 따른 절차였음을 잘 보여주고 있는 것이다.

『오만과 편견』에서 올바른 예의범절을 지키지 못하여 심각한 문제를 발생시키는 경우가 다아시이다. 그는 지위도 높고 재산도 많은 사람이기 때문에 무도회에서 모두의 관심을 받는다. 그러나 그가 자기가 아는 사람들, 즉 빙리의 두 누이하고만 춤을 추고 이 지방의 다른 여자들과는 춤을 추지 않자 사람들은 무시당했다고 생각하며 그를 싫어하게 된다.

무도회에서 춤을 열심히 추는 것은 남자가 지켜야하는 기본적인 예의이다. 여자는 먼저 춤을 청할 수 없고 남자가 가서 춤을 청해야 하는데, 춤을 못 추고 있는 여자들이 있는 상황에서 남자가 춤을 추지 않는다는 것은 좋은 예절이라고 할 수 없는 것이다. 이 무도회에서 빙리는 모든 사람과 춤을 추어 이 마을 사람들에게 예의있는 사람으로 칭송받는다. 그러나 다아시는 춤을 추지 않는데, 이를 본 빙리가 다가와 예쁜 여자가 있는데 춤을 좀 추라고 권하면서 엘리자베스와 출 것을 추천하자, 그는 누구를 말하는 것이냐면서 주위를 둘러보다가 엘리자베스를 발견하게 된다. 그런데 살짝 보는 것도 아니고 눈이 마주칠 때까지 보다가 차갑게 뱉는 말이, 참아 줄만은 하지만 함께 춤추고 싶을 만큼 멋있지는 않다고, 그녀에게 들리는 것에 개의치 않고 말한다. 이러한 다아시의 태도는 마을 사람들은 물론 엘리자베스가 그를 오만한 사람이라고 단정하게 만든다.

당시 사회적인 풍습 상, 예의범절을 지닌 인물이 바람직한 인간임을 감안할 때, 다아시의 이러한 태도는 교정되어야 한다. 처음 만나는 사람들에게 잘 다가가지 못하고 자기가 아는 사람들 외에는 친절하게 대하지 못하는 그의 태도는 반드시 고쳐져야 하는 것이다. 소설 속에서 다아시는 올바른 태도를 배우는 데에 값비싼 대가를 치르게 된다. 그는 자기보다 지위도 낮고 가진 것도 없는 엘리자베스를 사랑하게 되자 열등한 여성과 결혼을 해야 하는지 고민하다가 결국 청혼하기로 마음을 정한다. 그러나 첫 번째 청혼에서 교만한 태도를 버리지 못하여 엘리자베스에게 "신사답지 못한 태도"라고 비판 받으며 거절당하는 수모를 겪는다. 생각하지 못했던 거절을 당한 후 그는 자신의 태도가 잘못되어 있었음을 깨닫고, 이를 철저히 반성하고 올바른 예의범절을 갖춘 후에야 그녀에게 다시 청혼하여 마침내 결혼에 이르게 된다.

두 번째 청혼 시 그가 하는 반성의 가장 중요한 내용은 자신이 엘리자베스에게 청혼할 때 신사답지 못했다는 것이다. 비록 그녀가 자신을 거절할 때 그 비난들이 잘못된 전제에 근거해 있기는 했었지만, 청혼을 할 때 자신의 행동은 혹독한 비난을 받을 만 했었다고 하면서, 그녀가 그 때 했던 지적 즉 "만일 당신이 좀 더 신사다운 태도로 행동했더라면"이라는 말을 절대 잊을 수 없다고 하며, 그 말이 너무 괴로웠다고 한다. 젠트리 계층이 지켜야하는 올바른 풍습을 지키지 못한 것을 그의 가장 큰 잘못으로 반성하고 있는 것이다. 다아시는 지체 높은 가문 출신으로 어려서부터 귀염둥이로 자랐기 때문에 주위사람들 특히 잘 알지 못하는 사람들에게 예의있게 행동하지 않는 교만한 인물이었지만 엘리자베스를 만나고 청혼을 하는 과정을 통해 모든 사람들에게 예의있는 태도를 가지는 사람, 즉 젠트리 계층의 예의범절을 제대로 지키는 신사다운 사람으로 변화하고 있다.

그러나 제인 오스틴은 신사로서의 예의범절이 인간관계에서 중요한 것으로 보고 있긴 하지만 진정성 없는 예의범절에 대해서는 신랄한 비판을 가한다. 엘리자베스가 처음에 위컴에게 매료되는 것은 그가 가지고 있는 좋은 매너 때문이다. 외모도 멋있고 언변도 좋은 위컴은 신사다운 매너로 그녀의 마음을 사로잡는다. 그러나 소설이 진행될수록 위컴은 겉으로만 매너가 있을 뿐 그의 내부는 거짓과 나태와 방탕으로 얼룩져 있음이 하나하나 드러나게 된다. 이 소설에서 위컴에 대해 신랄한 비판이 가해지고 있는 것은 오스틴이 풍습에 대해 절대적인 가치를 두고 있지 않음을 잘 보여주는 것이다.

제인 오스틴의 풍습에 대한 태도는 풍습에 집착하지 않으면서 풍습을 삶의 한 중요한 요소로 보는 것이다. 오스틴이 풍습과 예의범절을 중시하는 것은 그것이 서로를 존중해주는 방식의 하나일 수 있다고 보고 있기 때문이다. 이런 의미에서 예의범절을 제대로 지키지 못하는 사람은 다른 사람을 올바로 존중하지 못하는 사람이며 그러한 삶의 태도는 교정되어야 하는 것이다.

JANE AUSTEN

Pride and Prejudice

VI. 작품 해석

VI. 작품 해석

A. "성장소설"의 관점에서 본 『오만과 편견』

성장소설*Bildungsroman*은 보통 괴테의 『빌헬름 마이스터의 도제생활』*Wilhelm Meisters Lehrjahre*로 시작된 이래 독일문학에서 소설의 가장 중요한 하위장르로 발전해 온 것으로 논의된다. 성장소설의 주요 개념인 "빌둥*Bildung*"이라는 단어가 독일에서 영국으로 수입되어 번역되는 것은 토마스 칼라일Thomas Carlyle이 1834년에 『빌헬름 마이스터』를 번역하면서였으므로 제인 오스틴이 그 단어에 대해 직접 들었다고는 할 수 없다. 그러나 한 개인의 자아가 변화하고 발전한다는 "빌둥"의 개념은 이미 18세기 영국에 존재하고 있었다고 할 수 있다. 루소의 『에밀』에 표현된 교육의 개념은 성장소설의 발전과 맞닿아 있으며, 18세기 영국의 많은 소설들이 개인의 성장을 이야기 하고 있고, 울스튼크라프트의 여성 교육의 개념은 여성 성장의 개념을 교육과 연결시키고 있었다. 제인 오스틴의 소설은 이미 여성 성장의 개념을 표현하고 있으며 『오만과 편견』에는 제인 오스틴이 성장을 어떻게 그리고 있는지가 잘 나타나 있다.

성장소설의 기원을 연구한 토머스 제퍼즈Thomas L. Jeffers는 바흐친을 인용하여 성장소설이라는 장르가 나오게 된 데에는 이전의 세 장르가 기여하였다고 분석한 바 있다(2). 즉 시련 소설novel of ordeal, 전기 소설biographical novel, 가정 소설family novel이 그것이다. 시련 소설은 오딧세이나 아킬레스와 같은 주인공들이 혹독한 시련을 거치며 영웅됨을 증명해 가는 서사시에서 기원한 소설들이며, 전기 소설이란 『로빈슨 크루소』*Robinson Crusoe*나 『파멜라』, 『클라리사』와 같이 한 인물의 일생을 다룬 소설들이고, 가정 소설이란 헨리 필딩의 『톰 존스』*Tom Jones*와 같은 작품들이다. 이 세가지 장르가 서로 섞이며 성장소설이라는 장르가 만들어졌다는 것이 그의 주장이다. 그러나 제퍼즈는 독일, 영국, 미국의 성장소설을 비교하면서 영국의 성장소설은 Q. D. 리비스Leavis가 "가정생활소설novel of family life"이라고 명명한 소설들, 즉 『클라리사』, 『맨스필드 파크』*Mansfield Park*, 『미들마치』*Middlemarch*와 같이 개인의 운명이 복잡한 가정적 배경 속에 위치해 있는 소설들이 강화된 것이라고 설명하고 있다(36).

성장소설의 정확한 개념에 대해서는 많은 논의가 있어 왔다. 새몬즈Jeffery L. Sammons는 성장소설을 자아의 변화와 관련하여 정의내리고 있다.

> 나는 성장소설은 빌둥(*Bildung*)과 어떤 관계를 가지고 있어야 한다고 생각한다. 즉, 타고난 잠재력으로부터 문화적 적응과 사회적 경험을 통해 성숙의 입구에 도달하는 개인의 자아 형성이라는 초기 부르주아적이고 인본주의적인 개념과 관계를 가지고 있어야 한다는 것이다. …… 빌둥의 과정이 성공하는지 실패하는지, 주인공이 인생과 사회에의 적응을 이루어내는지 아닌지는 별로 중요하지 않다. …… 비록 그 소설이 만족스런 결과를 획득할 가능성을 의문시하거나 부정하게 되는 경우에 있어서도, 자아 내에 진보적인 변화의 느낌, 개인의 목적론적인 목적이 있어야만 한다. (41)

새몬즈는 소설 속에서 한 개인이 겪는 많은 사건들이나 외적인 변화보다 그 개인의 자아 내에 일어나는 진보적인 변화를 성장소설의 핵심으로 보고 있다. 많은 성장소설들이 "개인의 도덕적, 정신적, 심리적 성숙과 그의 사회적 출세를 연결"시켰지만(Alden 1-2), 그 모든 것의 가장 핵심은 한 개인의 내부에 일어나는 발전과 성장, 성숙임을 지적한 것이다.

『오만과 편견』에서 변화하고 성장하는 인물은 엘리자베스이다. 그리고 엘리자베스만큼은 아니라 할지라도 다아시 또한 변화하고 성장하고 있다. 오만과 편견을 가지고 있었던 다아시와 엘리자베스는 자아를 발견함으로써, 즉 자신이 누구인지, 어떤 사람인지, 자신의 부족을 직시하고, 그것을 극복함으로써 정신적인 성숙을 이루어나간다.

엘리자베스는 처음부터 지적이며 재치와 유머가 있고 사람들의 인물됨을 판단할 수 있는 능력을 갖춘 뛰어난 여성으로 나온다. 그러나 지위있고 재산있는 다아시를 처음 만난 첫 무도회에서 그의 인물됨에 강한 편견을 가지게 된다. 다아시는 자기가 아는 빙리의 두 누이하고만 춤을 출 뿐 어느 누구하고도 춤을 추지 않으며 말도 없이 냉담한 태도로 일관하여 모든 사람에게 좋지 않은 인상을 주게 된다. 더구나 빙리가 다아시에게 그러고 있지 말고 춤을 추라면서 엘리자베스를 추천하자, 자기에게 춤을 같이 추고 싶은 마음이 일어나게 할 만큼 매력적이지 못하다는 말을 그녀가 들을 수 있는 거리에서 말하는 무례를 범한다. 엘리자베스는 그의 말을 들은 후, 비록 그 사실에 주눅 들거나 낙담하지 않는 발랄함을 유지하긴 하지만, 다아시라는 인물이 주위사람을 무시하는 교만한 사람이라고 단정하게 된다. 이러한 생각은 위컴을 만나면서 강화된다. 멋진 외모와 좋은 언변, 그리고 뛰어난 매너를 갖춘 위컴은 다아시가 자신의 성직록을 빼앗아 일생을 망치게 한 사람이라고 엘리자베스에게 이야기하는데 엘리자베스는 근거도 없이 그의 말을 그대로 믿고 다아시를 점점 더 혐오하게 된다.

엘리자베스는 잘못된 판단으로 다아시의 청혼을 거절하는 상황에 이르는데 그녀가 자신의 잘못을 깨닫고 성장이 시작되는 것은 그 때부터이다. 엘리자베스에게 냉정하게 거절당한 다아시는 밤새워 쓴 편지를 다음날 엘리자베스에게 직접 준다. 그의 편지를 읽으며 엘리자베스는 점차 자신에 대한 중요한 깨달음을 얻게 되는데 그것은 크게 세 가지이다. 즉 다아시가 요구하는 공명정대함, 엘리자베스 자신이 주장하는 이성적 존재로서의 판단력, 그리고 무엇보다 자기 자신을 알게 되는 자아인식의 깨달음이다.

엘리자베스는 첫인상으로 인해 형성된 편견에 사로잡혀 위컴에게는 과도한 호의를, 다아시에게는 과도한 혐오의 감정을 가져왔다. 다아시는 편지를 주면서 자기 편지를 읽고 싶지 않겠지만 공명정대함을 발휘해 달라고 요청한다. 그 편지를 통해 위컴과의 관계에 대한 다아시의 설명을 읽었을 때 엘리자베스는 공평하게 모든 상황을 판단하려고 하지만, 이 때 그녀 앞에 놓여있는 것은 단지 양쪽의 주장뿐이다 "On both sides it was only assertion". 양쪽의 주장만이 있을 뿐 어떠한 근거도 없는 상황에서 누구의 말이 옳은 것인지를 알아내는 것은 정확한 판단력을 필요로 한다. 감정에 치우치지 않는 이성적 판단력이 그녀에게 지금 이 순간 절대적으로 필요한 것이다.

이제 엘리자베스는 누구의 말이 맞는 말인지 하나하나 추론해 간다. 위컴의 말이 다 맞다고 생각하고 다아시의 인물됨에 대해 위컴의 말을 그대로 믿은 자신의 생각에 오류가 있었음을 하나하나 깨닫는다. 그리고 그 모든 오류의 근원이 위컴도 다아시도 아니고 자기 자신이었음을 깨닫고, "눈멀고, 편파적이고, 편견에 찼고, 부조리한blind, partial, prejudiced, absurd" 자신에 대해 절대적인 수치심을 느낀다.

> "난 얼마나 비열하게 행동해 왔던가!" 그녀는 외쳤다. — "나의 분별력에 대해 자부심을 가져왔던 내가! — 내 능력을 높이 평가해온 내가! — 언니의 후한 공정성을 종종 멸시하고, 쓸모없고 비난받을만한 불신으로 내 허영심을 만족시켜왔다니. — 얼마나 창피한 발견인가! — 그러나 얼마나 타당한 창피스러움인가! — 사랑에 빠졌다 해도, 더 비참하게 눈멀 수 없었을 거야. 그러나 나의 어리석음은 사랑이 아니라 허영심 때문이었어. — 처음 알게 되었을 때 한 사람의 무시에 기분을 상하고 다른 한 사람의 편애에 마음이 끌려, 두 사람에 관계된 일에서 난 편견과 무지를 자초하고 이성을 내몰았던 거야. 이 순간까지 나는 나 자신을 몰랐어." (2권 13장)

"이 순간까지 나는 나 자신을 몰랐다Till this moment, I never knew myself"는

엘리자베스의 자아인식은 여기에서 인용부호 안에 직접화법으로 묘사되어 있는 것을 볼 수 있다. 엘리자베스는 그렇게 외쳤다고 표현되고 있다. 엘리자베스의 심오한 자아인식의 순간을 작가는 마치 무대 위의 배우가 독백을 하듯이 스스로 소리쳐 외치게 함으로써 그 중요성을 강조하고 있다. 엘리자베스는 이처럼 철저히 자신을 알고 난 후 주위 사람들을 올바로 알아 볼 수 있는 능력을 얻게 되고, 이것이 세상을 올바로 볼 수 있는 판단력으로 발전하게 된다. 한없이 '작은 나'에 대한 인식으로부터 성장서사가 펼쳐지는 것이다.

서술자의 시점이 엘리자베스에게 주로 집중되어 있기 때문에 독자들은 엘리자베스의 잘못과 깨달음, 그리고 성장을 눈앞에서 직접 목격하게 된다. 반면에 다아시의 내부는 직접 묘사되지 않기 때문에 독자들은 직접 목격하지는 못한다. 그러나 독자들은 다아시가 엘리자베스에게 하는 말을 통하여 그가 어떠한 깨달음을 얻고 성장하게 되었는지를 알게 된다.

다아시는 엘리자베스에게 청혼할 때에 거절당하리라고는 상상도 하지 않았다. 그 이전에 청혼했던 콜린즈 역시, 신사의 가문 출신이기는 하지만 어머니 쪽이 지위가 낮으며 더구나 지참금도 없는 형편인 엘리자베스가 자신의 청혼을 거절하리라고 생각하지 않았었다. 다아시 역시 자신이 역사가 있는 좋은 가문 출신이며 어머니 쪽은 귀족 계층이었고, 펨벌리라는 대저택과 넓은 토지를 소유하고 있는 부유한 집안의 외아들이었므로, 엘리자베스에게 청혼하면서 그녀의 가족들이 열등하기 때문에 자기가 청혼 전에 얼마나 많은 고민을 했는가에 대해 열심히 설명했으며, 거절은 상상조차 하지 않았다.

그러나 엘리자베스에게 냉담하게 거절당한 뒤 자신이 얼마나 교만했던가를 깨달아가기 시작하였다. 엘리자베스에게 재청혼하여 수락된 뒤 그는 그녀에게 자신이 그동안 어떠한 변화를 겪었는지 이야기한다. 비록 그녀가 자신을 거절할 때 그 비난들이 잘못된 전제에 근거해 있기는 했었지만, 청혼을 할 때 자신의 행동은 혹독한 비난을 받을 만 했었다고, "그것은 용서할 수 없는 것이었소. 혐오감 없이는 그 일을 생각할 수 없소"라고 고백한다. 특히 다아시는 그녀가 그 때 했던 지적 즉 "만일 당신이 좀 더 신사다운 태도로 행동했더라면"이라는 말을 절대 잊을 수 없다고 하며, 그 말이 너무 괴로웠다고 한다.

독자들은 고백을 통해 드러난 다아시의 반성이 엘리자베스의 그것에 못지않았음을 알게 된다. 다아시는 어려서부터 비록 원칙에 있어서는 그렇지 않았지만 실제로는 평생 이기적인 존재였음을 깨닫게 되었다고 한다. 외아들로 자라 부모에 의해 버릇없이 길러졌고, 자기 가족의 범위를 넘어서는 사람들에게는 관심을 두지 않았으며 그들의 지각이나 가치를 자신보다 낮게 보았었음을 고백한다. "나는 여덟 살부터 스물여덟까지 그랬으며, 당신이 없었더라면 지금도 나는 아직 그럴 것이오.…… 당신에 의해 나는 올바르게 비천해졌소" (3권 16장). 이러한 고백은 다아시가 얻은 깨달음과 변화가 엘리자베스와 거의 동일했음을 드러낸다. 지금까지 교만했던 자신의 모습을 반성하고 한없이 '작은 나'로 돌아갔을 때 그의 성장도 시작된 것이다.

이러한 면에서 『오만과 편견』은 엘리자베스와 다아시의 성장을 다룬 일종의 "성장소설"이라고 볼 수 있다. 또한 제퍼즈가 영국적 성장소설의 특징으로 정의한 것에 잘 부합하고 있기도 하다. 제퍼즈는 영국의 성장소설은 나라는 개인의 발전이 자신의 내부의 풍부함에만 달려있는 것이 아니라 그 사람의 사회적 환경을 구성하고 있는 사람들 — 가족, 친구, 아는 사람들, 이방인들 — 과 가지는 관계에 달려있다고 분석하고 있는데(35), 『오만과 편견』은 아직 "성장소설"이라는 용어가 영국에 들어오기도 전에, 영국적 성장소설의 좋은 모델을 제시하고 있다.

참고문헌

Alden, Patricia. *Social Mobility in the English Bildungsroman: Gissing, Hardy, Bennett, and Lawrence*. Ann Arbor, MI: University of Michigan Press, 1986.

Bakhtin, M. M. "The *Bildungsroman* and its Significance in the History of Realism (Toward a Historical Typology of the Novel)." In *Speech Acts and Other Late Essays*. Trans. Vern W. McGee. Ed. Caryl Emerson and Michael Holquist. Austin, TX: University of Texas Press, 1986. 10-59.

Fraiman, Susan. *Unbecoming Women: British Women Writers and the Novel of Development*. New York, NY: Columbia University Press, 1993.

Jeffers, Thomas L. *Apprenticeships: The Bildungsroman from Goethe to Santayana*. New York, NY: Palgrave MacMillan, 2005.

Sammons, Jeffrey L. "The *Bildungsroman* for Nonspecialists: An Attempt at a Clarification." In *Reflection and Action: Essays on the Bildungsroman*. Ed. James Hardin. Columbia, SC: University of South Carolina Press, 1991. 26-45.

B. 『오만과 편견』에 나타난 경제제도로서의 결혼

제인 오스틴의 소설들은 모두 여주인공이 어떻게 결혼에 이르고 있는지를 그리고 있지만, 오스틴이 보여주는 결혼은 단순히 남녀가 만나 이해와 사랑에 이르러 행복한 결합을 이루는 것을 보여주는 것이 아니다. 오히려 오스틴의 모든 소설에서 결혼은 위험스럽고 실망스러운 것으로 그려지며, 돈과 사회적 지위와 얽혀 있다. 오스틴은 당시 사회에서 결혼이 어떻게 하나의 "경제제도economic institution"로 작동하고 있는지를 드러내고 그에 대한 강력한 풍자와 비판을 하고 있는 것이다.

레이몬드 윌리엄즈Raymond Williams는 영국의 사회사에 있어서 오스틴이 그리고 있는 시기가 설명하기 가장 어려운 시대였음을 지적한 바 있다. 오스틴이 다루고 있는 사회는 결코 안정된 하나의 사회가 아니었으며, 전래되어온 작위와 새로운 가문을 만들어 내려는 상충되는 두 가지 힘에 의해 조정되었던 농업 자본주의와 얽혀있는 탐욕스러운 부르주아 사회였다는 것이다. 토지 자본과 상업 자본이 복잡하게 상호작용하는 가운데, 사회적 혼란과 모순은 많은 인간 행동의 문제를 불러 일으켰다. 부의 전달에 관심이 많았던 공개적으로 탐욕의 사회였던 당시 사회는 전수받은 양식과 진보의 도덕성으로 동시에 자신을 판단하려고 노력하고 있었다는 것이 윌리엄즈의 분석이다(143).

제임스 톰슨은 이 시기에 "결혼 시장"에 나와 결혼을 하기 위해 애쓰는 여성들과 노동계층 사람들 사이에 상당한 유사점이 있었음을 맑스주의 관점에서 분석하였다. 1790년에서 1820년 사이는 영국과 프랑스가 전쟁을 하던 시기로서 영국에 대한 프랑스의 봉쇄로 인해 경제적으로 매우 어려운 시기였다. 이 시기에 노동계층이 최악의 조건에 놓여있었음은 많이 분석되어 왔는데, 톰슨은 이 시기가 노동계층 뿐만 아니라, 구혼을 위해 노력하는 여성들에게도 "근무 조건이 매우 나쁜 시기"였다고 분석한다. 인플레이션으로 인해 지참금이 올라가고, 결혼시장에서 남자의 아버지는 "매도자의 시장seller's market"의 이점을 누리는 반면, 여자의 아버지는 "매수자의 시장buyer's market"의 불이익을 감수해야 했던 것으로 설명한다 (141).

이 시기에 남자들이 여자를 어떤 기준으로 고르고 있는지를 적나라하게 보여주는 예로 피츠윌리엄 대령과 위컴의 예를 볼 수 있다. 피츠윌리엄 대령을 살펴보면, 그는 백작의 아들이지만 맏아들이 아니기 때문에 군인이 되었고 돈 있는 여자와 결혼하려 하는 인물이다. 엘리자베스가 끌릴 정도로 매우 매력있는 인물이지만, 그는 엘리자베스에게 백작의 작은 아들이어서 작위와 재산을 물려받을 수 없고, 따라서 "자기 부정과 종속적 삶"을 살 수 밖에 없는 처지라고 말한다. 엘리자베스는 귀족의 아들이 무슨 결핍을 경험해 봤겠느냐고, 가고 싶은 데 못가본 적이 있느냐, 하고 싶은 것 못해 본 적이 있느냐고 질문한다. 그러나 피츠윌리엄은 물론 그런 어려움을 겪었다고는 말할 수 없지만, 더 큰 문제에 있어서는 돈의 결핍을 겪지 않을 수 없고, 돈 쓰던 습관 때문에 결혼 할 때 돈 문제를 생각하지 않고 결혼을 할 수 없다고 대답한다. 실제로 그는 엘리자베스에게 상당한 매력을 느끼지만 그녀에게 돈이 없음을 알기에 일정한 거리를 유지하며 더 이상 다가가지 않는다. 당시 남성들이 결혼에 있어서 얼마나 돈을 중요시하고 있는지를 적나라하게 보여주는 것이다.

위컴의 경우는 결혼을 통해 부와 지위를 얻으려는 남자의 가장 나쁜 예를 보여준다. 다아시 아버지의 도움으로 신사의 교육을 받은 위컴은 원래 성직록을 받기로 되어 있었으나 스스로 법을 공부하겠다고 성직우선권을 포기하고 대신 다아시에게 돈을 요구했다. 이에 다아시는 그가 법을 공부할 수 있도록 그에게 상당한 돈을 주었었다. 그러나 방탕한 생활로 그 돈을 다 날려버리게 되자 다아시에게 와서 다시 성직록을 요구했다가 거절당하자 그의 동생인 조지아나를 꼬여 도주를 계획했었다. 조지아나가 도주하기 직전 오빠에게 고백함으로써 이 계획이 무산된 뒤 위컴은 민병대에 들어가 군인으로 사교계에서 인기를 끌어 돈 많은 상속녀와 결혼을 꿈꾼다. 엘리자베스와 불장난을 친 위컴은 킹 양이 재산 상속을 받자 바로 그녀를 쫓아다니기 시작한다. 그러나 킹 양과 결혼이 뜻대로 이루어지지 않고 도박으로 빚이 쌓여가자 위컴은 철없이 자기에게 빠져든 리디아와 결혼할 생각도 없이 도주한다. 당시 여성이 남자와 도주한 후 결혼하지 못하면 "타락한 여자fallen woman"로 사회에서 버림받는 것을 모를 리 없었지만 그에게 그런 사실은 관심 밖이다. 위컴의 부도덕한 도주가, 다아시가 개입하여 빚을 갚아주고 돈을 대주며 장교의 자리를 보장해 준 후, 리디아와의 결혼으로 일단락되는 것을 보면, 위컴은 철저히 돈을 목적으로 결혼을 하려는 사람이었던 것을 알 수 있다.

다아시가 소설에 처음 등장했을 때 그가 보이는 태도는 이러한 남자들이 "결혼 시장"에 나온 "물건"을 보는 태도와 일맥상통한다고 할 수 있다. 톰슨은 다아시가 엘리자베스를 처음 보았을 때 "뚫어지게" 바라보다가 "참아줄만은 하군. 그러나 같이 춤추고 싶을 만큼 예쁘지는 않아"라고 차갑게 말하는 것은 마치 사람들이 시장에서 물건을 사기위해 쇼핑을 하는 것처럼 남자들이 무도회장에 나온 여자들을 팔리기 위해 전시된 말이나 동물처럼 살펴보는 것이라고 해석한다(156). 결혼 시장에서 여성은 임금 노동자와 마찬가지로 모든 인간관계를 "물화reification"시키는 거대한 시스템에 종속되어 있다. 오스틴은 당시의 구혼이 사람 사이의 관계가 아니라 모든 것을 교환 가치로 평가하는 시장에 내놓아 가장 비싼 값에 팔리는 물건과의 관계로 바뀌고 말았음을 드러내고 있는 것이다.

그러나 한편 오스틴은 이 소설에서 다아시를, 자기 앞에 있는 대상물의 외양만을 살펴보는 물건 사는 손님에서 교환 가치를 넘어 엘리자베스의 내면을 볼 수 있는 사람으로 변화시키는 어려운 일을 수행하고 있다. 이러한 오스틴의 태도는 오스틴이 결혼을 단순히 제도institution로만 보지 않고 개인의 실행practice으로 보고 있음을 의미한다. 잔인하고 불공정한 결혼시장을 비판하고 있지만, 결혼 그 자체를 부패한 것으로 보지 않고, 오히려 결혼을 사회적 관계의 상품화와 대상화에 대한 대안으로 제시하고 있다. 오스틴은 결혼을 문제로도 보지만 또한 해결책으로도 보고 있는 것이다. 사회적 영역이 물질적이 되어 가는 세상에서 남자와 여자가 인간으로서 개인적인 관계를 맺고 사랑과 지지를 제공함으로써 소외에 대한 해결책을 줄 수 있기를 희망하는 것이다.

사실 오스틴은 결혼이 하나의 경제제도로 작동하는 사회 속에서 결혼하지 못한 여성이 겪는 어려움을 직시하고 있었다. 당시 사회에서 여성들에게는 명예를 유지하며 돈을 벌 수 있는 방법이 거의 없었기 때문에 결혼하지 않은 여성들은 가난하게 살 수 밖에 없었고 따라서 여성들은 결혼을 삶의 목적으로 삼도록 양육되었다. 그런데 남자들은 끊임없이 계속되던 전쟁에 나가거나, 활발히 이루어지던 식민지 개척 등으로 해외로 많이 나갔기 때문에, 남녀 성비의 불균형으로 결혼하지 못하고 "노처녀old maid"로 남는 경우가 적지 않았다. 이러한 여성들을 당시에 "남아도는 여자들redundant women"이라고 불렀는데, 적지 않은 여성들이 "남아도는 여자"로서 살아가야했으며, 삶을 유지하기 위하여 남자형제들에게 얹혀사는 경우가 많았고, 재정 형편이 괜찮은 남자와 결혼한 자매들에게 의존하여 살기도 하였다.

오스틴은 조카 패니 나이트Fanny Knight에게 보낸 편지의 한 구절에서, "독신 여성은 가난해질 지독한 경향성을 가지고 있다. 이것은 결혼을 해야 한다는 매우 강력한 논거가 된다"는 말을 한 적이 있다. 이 말은 오스틴이 여성에게 결혼이 갖는 현실적 의미를 정확히 파악하고 있음을 보여준다. 패니 나이트는 제인 오스틴이 언니 카산드라 다음으로 가장 친하게 지낸 사이였고, 거의 자매처럼 지낸 사이였으므로, 오스틴은 이처럼 솔직하게 결혼에 대한 자신의 관점을 피력하고 있는 것이다.

오스틴이 패니에게 했던 말은 『오만과 편견』에서 샬롯 루카스에 의해 실행되고 있다. 샬롯은 목사로서의 본분을 다하기 보다는 자신에게 목사직을 준 귀족에게 아첨하며 살아가면서 잘난 척하고 있는 콜린즈의 인물됨을 정확히 꿰뚫어 알고 있다. 그럼에도 불구하고 콜린즈가 엘리자베스에게 청혼하여 거절당하자 그를 위로할 기회를 활용하여 사흘만에 콜린즈의 청혼을 받아 내고 이를 기꺼이 수락한다. 그녀가 콜린즈와 결혼하는 이유는 다음과 같이 설명되고 있다.

> 콜린즈 씨는 분명 지각 있지도 못하고 기분 좋지도 못하다. 그와 함께 있는 것은 지루하고, 자신을 좋아한다는 것도 그의 환상에 불과함에 틀림없다. 그러나 그렇다고 해도 그는 그녀의 남편이 될 것이다. 남자에 대해서도 결혼에 대해서도 높게 생각해 본 적이 없지만, 결혼은 항상 그녀의 목적이었다. 결혼은 교육을 잘 받은 재산 적은 젊은 여성에게 유일하게 명예로운 대비책이다. 아무리 행복을 줄 가능성이 희박하다고 해도, 결혼은 그들의 가장 유쾌한 결핍으로부터의 방부제이다. 이 방부제를 샬롯은 지금 획득하였으며, 스물 일곱의 나이에 결코 아름다워 본 적이 없는 그녀로서는 그것이 큰 행운임을 느끼고 있었다. (1권 22장)

엘리자베스는 샬롯이 콜린즈를 받아들인 것에 대단히 실망하고 비판한다. 그러나 서술자는 샬롯의 청혼 수락에 대해 "순전히 재정적 안정establishment에 대한 순수하고 사심 없는 욕망에서 그를 받아들였다"고 풍자적으로 표현하고 있긴 하지만, 그 풍자는 엘리자베스의 비판만큼 날카롭지 않다. 오스틴은 샬롯이 이 결혼을 통하여 얻은 "결핍으로부터의 방부제"가 많은 여성들에게 절실한 현실임을 알고 있기 때문이다.

올바른 결혼이 무엇인가에 대해 끊임없이 고민하는 제인 오스틴의 소설에 있어서 "신중한 결혼prudent marriage"과 "돈을 위한 결혼mercenary marriage"의 구분은 매우 중요한 것이다. 엘리자베스가 위컴의 매력에 빠져있음을 들은 가디너 부인은 엘리자베스에게 신중하게 행동하라고 하면서, 돈을 위한 결혼은 하지 말아야 하지만, 신중하지 못한 결혼 또한 하지 말아야 한다고 충고한다. 여기에서 "신중한 결혼"과 "돈을 위한 결혼"의 문제가 제기되지만, 실제로 그 두 가지는 구분이 간단하지 않다. 샬롯의 경우에 나타나듯이 당시 많은 여성들로서는 안정적인 삶을 살아갈 수 있는 방법이 결혼 밖에 없었기 때문에, 여성의 삶에 있어서 결혼의 의미가 경제적인 것과 밀접하게 연결되지 않을 수 없었기 때문이다. 뿐만 아니라 남성들이 여성을 바라보는 관점도 경제적인 필요성과 얽혀 있었기 때문에 결혼은 돈과 사회적 지위와 얽혀 있는 경제제도였음을 오스틴은 항상 독자에게 상기시키고 있다.

엘리자베스가 "신중하지 못한 결혼"을 조심시키는 가디너 부인에게 "신중한 결혼"과 "돈을 목적으로 한 결혼"이 어떻게 다른가 하고 물었을 때, 가디너 부인이 제시하는 기준은 작가가 제시하는 기준을 시사하고 있다. 즉 위컴이 킹 양을 쫓아다니는 것이 돈을 목적으로 하는 것인지 아닌지의 기준은 킹 양이 어떤 사람인지, 위컴이 킹 양을 한 개인으로 존중하고 있는지, 단지 그녀가 재산을 상속받았기 때문에 따라다니는 것인지가 판단의 근거라는 것이다. 가디너 부인의 이 말은 결혼을 경제제도로만 생각하고 거기에 종속되어 있는 사람과, 개인적 실행을 통해 모든 것이 물화되어 가는 세상에 대해 대안을 제시하는 사람을 구분하는 오스틴의 기준을 보여준 것이다.

엘리자베스의 결혼은 오스틴의 이러한 태도를 잘 보여주는 예다. 엘리자베스가 다아시에 대한 감정에 변화가 오는 것은 펨벌리를 방문했을 때이다. 다아시의 청혼을 거절하고 그의 편지를 읽으면서 자신이 위컴과 다아시를 제대로 알지 못했음을 깨달은 후에도 엘리자베스의 마음에는 다아시에 대한 감정이 생기지 않았었다. 그러나 더비셔에 있는 펨벌리를 방문하여 아름다운 장원과 멋있는 저택을 보았을 때, 처음으로 이곳의 여주인이 되는 것이 대단한 일이라는 것을 느끼게 된다. 그렇다면 엘리자베스도 다아시의 재산 때문에 그에 대한 감정이 생기게 된 것으로 비판받을 수 있지 않을까?

그러나 오스틴은 엘리자베스가 다아시를 사랑하게 되는 것이 펨벌리의 부 때문으로 묘사하고 있지 않다. 다아시가 펨벌리의 주인으로서 하인들에게 따뜻하게 대해온 것과 지주로서 소작인들에게 관대하게 대해온 점 등을 알게 됨으로써 그에 대해 잘못 알았던 것들을 하나하나 깨닫게 되고, 그에게 존경과 감사의 마음을 갖게 되고 그를 사랑하게 되는 것으로 그리고 있다. 오스틴은 엘리자베스와 다아시의 결혼을 통해, 결혼이 두 인간 사이의 감사와 존경에 기초한 사랑에 의해 물질적 외부 세계로부터 피난처를 제공하는 대안을 제시할 수 있는 가능성에 대한 희망을 표시하고 있다.

참고문헌

Armstrong, Nancy. *Desire and Domestic Fiction: A Political History of the Novel*. New York: Oxford University Press, 1987.

Butler, Marilyn. *Jane Austen and the War of Ideas*. Oxford: Clarendon Press, 1975.

Duckworth, Alistair M. *The Improvement of the Estate: A Study of Jane Austen's Novels*. Baltimore and London: the Johns Hopkins University Press, 1971.

Thompson, James. *Between Self and World: The Novels of Jane Austen*. University Park: Pennsylvania State University Press, 1988.

Weissman, Judith. *Half Savage and Hardy and Free: Women and Rural Radicalism in the Nineteenth-Century Novel*. Middletown, Conn: Wesleyan University Press, 1987.

Williams, Raymond. *The Country and the City*. Oxford: Oxford University Press, 1973.

C. 『오만과 편견』에 나타난 인식론의 문제

제인 오스틴은 주로 남녀 간의 관계나 당대의 풍습을 그린 작가, 혹은 나아가 사회적 역사적 문제에 관심을 가진 작가로는 생각되지만, 철학적 문제 혹은 인식론의 문제를 다룬 작가로는 별로 논의되지 않는다. 그러나 펠리시아 보나파르트Felicia Bonaparte나 앨리슨 설Alison Searle 같은 비평가들이 지적하였듯이 오스틴은 철학적 문제들에 대하여 관심이 많았고 작품에서 이를 중요하게 다루고 있다. 다만 그러한 문제들을 논쟁적으로 다루기보다 인물들의 삶을 통해 구현하고 있기 때문에 독자들이 인식하기에 쉽지 않았을 뿐이다.

특히 『오만과 편견』은 인식론적인 문제를 심도 있게 다루고 있다. 진리란 있는 것인가? 진리가 있다면 그것은 알 수 있는 것인가? 진리가 알 수 있는 것이라면 어떤 방법으로 알 수 있을 것인가? 얼마나 정확히 알 수 있는 것일까? 하는 것들은 인식론에서 가장 핵심적 문제들이다. 그런데 오스틴은 『오만과 편견』을 당시에 많은 철학적 논쟁이 되던 이러한 질문들에 대하여 진리가 있다는 단언으로 시작하고 있다. 소설의 첫 문장이 "보편적으로 인정되는 진리a truth universally acknowledged가 있으니"라는 말로 시작하는 것이다. 그러나 과감한 이 주장은 그 "진리"가 "재산을 많이 소유한 미혼 남자는 아내를 필요로 하는 것이 틀림없다는 것이다"라고 아이러니의 어조를 통해 의문시됨으로써, 진리가 그렇게 단순하지도 않으며 쉽게 얻어질 수 있는 것도 아님을 역설적으로 강조한다. 뿐만 아니라 이 소설은 진리 혹은 진실을 알기가 얼마나 어려운지를 수많은 예를 통해 보여주고 있다.

인식론의 문제는 17세기부터 18세기 말까지 경험론empiricism과 합리론rationalism 사이에 많은 논쟁을 불러 일으켰다. 이 논쟁은 유럽 대륙의 합리론자들과 영국의 경험론자들 사이에 이루어졌는데, 대륙의 합리론자로는 데카르트Descartes, 스피노자Spinoza, 라이프니츠Leibniz 등이 있다. 데카르트1596-1650에 의하면, 영원한 진리가 아닌 다른 지식들은 세상에 대한 경험을 필요로 하지만, 영원한 진리에 대한 지식은 이성reason에 의해서만 획득될 수 있다고 보았다. 그는 지성 혹은 이성에 의해 인식될 수 없는 것은 지식으로 분류할 수 없다고 보았고, 그의 유명한 "나는 생각한다 고로 나는 존재한다"는 언명은 경험으로부터 추론한 것이 아니라 선험적으로 도달한 결론이었고, 다른 모든 지식의 근간이 되는 반박할 수 없는 원칙이었다. 합리론자들에게 이성은 지식의 근원이며, 진리의 기준은 감각적인 것이 아니라 지적이고 연역적인 것이다.

이러한 합리론자들의 주장에 반대하여 영국의 존 로크John Locke는 인간이 가질 수 있는 유일한 지식은 경험에 기초해 있다고 주장하였다. 그는 인간의 마음은 "하얀 종이*tabula rasa*"이며, 그 위에 "감각의 인상sense impressions"이 써지는 것이라고 보았다. 로크1632-1704를 비롯하여, 조지 버클리George Berkeley, 데이비드 흄David Hume은 지식이 감각 경험sense experience에 의해 발생한다고 주장하는 대표적인 경험론자들이다. 흄1711-1776은 특히 극단적 회의론을 도입하여, 자연계에 관한 가장 기본적 믿음까지를 포함해서, 모든 지식은 이성을 통해서 확실하게 확립될 수 없다고 보았다. 오히려 우리의 믿음은 축적된 감각 경험에 반응하여 발달된 축척된 습관의 결과일 뿐이라고 주장하였다. 간단한 예를 들자면, 귀납적인 추리를 통해 해가 계속 동쪽에서 뜨리라는 것을 확실히 알 수는 없다고 한다. 단지 과거에 계속 해가 동쪽에서 떴으므로 앞으로도 계속 동쪽에서 뜨리라고 기대할 수 있을 뿐이라는 것이다.

오스틴은 『오만과 편견』에서 누구보다 다른 사람을 잘 안다고 자부하는 엘리자베스가 사실은 다아시의 마음을 전혀 모르고 있는 것을 통해 인식론의 문제를 제기하고 있다. 경험론자들에 의하면, 어떤 지식이 올바르게 연역 혹은 추론되려면, 그 지식은 기본적으로 감각에 근거한 경험에서 얻어져야 한다. 그런데 엘리자베스는 다아시에 대해 첫 인상에 기초하여 그를 오만한 사람이라고 판단해 버린 후 그를 올바로 보는 것을 포기한다. 엘리자베스가 네더필드에 머물 때 다아시가 엘리자베스에게 관심을 보이는 것은 빙리 양의 눈에는 금방 뜨이는 것이었다. 엘리자베스가 헌스포드에 머물 때 다아시가 헌스포드를 자주 방문하는 것이 엘리자베스 때문임은 샬롯의 눈에 바로 지각된다. 그러나 다른 사람들이 금방 시각이라는 감각을 통해 경험하고 알아내는 이런 단순한 사실조차 엘리자베스는 알아보지 못한다. 다아시는 오만하다는 전제 하에 엘리자베스의 감각은 경험에 닫혀있다. 오스틴은 엘리자베스가 잘못된 전제를 가지고 있기 때문에 올바른 판단에 이르지 못하고 있음을 보여주고 있다. 여러 가지 정황으로 보아 오스틴에게 많은 영향력을 끼친 것으로 추측되는 데이비드 흄은 편견이 "건전한 판단력"을 파괴하고, "지적인 능력의 모든 기능을 왜곡 시킨다"고 보았다. 이렇게 볼 때 소설의 제목에 나타나 있는 "편견"은 진리를 아는 것을 방해하는 인식론적 장애물을 의미하는 용어라고 할 수 있다.

그런데 엘리자베스가 모르는 것은 단순히 다아시가 자신을 좋아한다는 사실을 모르는 것에 그치지 않는다. 더욱 중요한 것은 그가 어떤 사람인지를 모르는 점이며, 세상이 어떤지를 모르는 것이고, 무엇보다 자신이 어떤지를 모르는 것이다. 이것은 사람들을 어떻게 이해할 것인가 하는 해석interpretation의 문제 혹은 읽기reading의 문제와 연결되어 나타나고 있다. 그리고 이 소설에서 읽기가 가장 많이 적용되는 것은 편지 읽기이다. 원래 이 소설이 서간체 소설로 쓰였던 점을 고려한다면 이 소설 속에 많은 편지가 등장하고 그것을 읽고 해석하는 장면이 등장하는 것은 자연스럽다고 할 수 있다. 그러나 그것은 서간체 소설의 흔적일 뿐 아니라 작가가 의도적으로 편지 읽기를 통해 인식론의 문제를 제기하고 있는 것이라고 볼 수 있다.

작품에서 맨 처음 등장하는 편지는 콜린즈의 편지이다. 그의 편지를 읽고, 그가 어떤 사람인지를 읽을 수 있는 능력이 있는 사람과 없는 사람이 대조된다. 베넷 씨와 엘리자베스는 그를 곧 파악하지만, 다른 식구들은 그의 편지를 읽고 그의 됨됨이를 쉽게 파악하지 못한다. 사실 콜린즈는 읽고 해석하기에 복잡한 사람이 결코 아니며 곧 읽을 수 있는 사람이다. 또한 빙리 양이 제인에게 보낸 편지, 제인이 엘리자베스에게 보낸 편지, 위컴과 도망가며 리디아가 보낸 편지도 있고, 가디너 부부가 보낸 편지들도 있다. 이러한 편지들은 편지를 쓴 사람의 인물됨이나 성격을 드러내고 있을 뿐만 아니라, 또한 그 편지를 읽는 사람들의 읽기 능력 혹은 해석력을 표출시키는 역할을 하고 있다.

그러나 이 작품에서 핵을 이루며 가장 난해한 해석의 문제를 불러일으키는 것은 다아시의 편지이다. 엘리자베스에게 청혼했다가 거절당한 뒤에 다아시가 작성하여 엘리자베스에게 준 이 편지는 작품에서 가장 중요한 인식론적 문제를 불러일으키고 있다. 다아시의 편지를 읽었을 때, 그 편지를 제대로 해석하기 위해서는 엘리자베스가 자신의 마음속에 있는 편견을 버리고 외양appearance과 사실reality을 구분해 낼 수 있어야 한다. 편지의 내용과 자신이 그동안 다아시에 대해서 보았던 것, 들었던 것, 경험했던 것을 대조하고 귀납적으로 추론하여 오류의 가능성을 파악하고 이성적 판단을 내려야 한다. 그것은 지금까지 닫혀 있던 오감을 열어 경험에 대하여 통찰하고 귀납적 추론을 통하여 결론을 내리고 판단하고 평가해야 하는 것이다.

다아시의 편지를 읽었을 때 엘리자베스의 양쪽에는 서로 반대되는 주장이 놓이게 된다(“On both sides it was only assertion”). 위컴은 위컴대로, 다아시는 다아시대로 각각 자신의 주장을 하고 있는데, 그 두 주장은 완전히 상반되는 주장이다. 양쪽에서 상반되는 주장을 할 때 어떤 주장이 옳은지를 어떻게 알 수 있을 것인가? 오스틴은 그 답을 알아가는

법을 엘리자베스가 이성을 사용하여 귀납적으로 추론해 가는 과정을 통해 자세히 보여주고 있다. 엘리자베스는 그동안 위컴이 했던 말과 행동을 비교하고, 다아시가 보인 태도와 그가 편지에서 설명하고 있는 상황을 비교한다. 그리고 위컴이 더비셔에서 한 행동에 대해서 알려진 것이 아무 것도 없고, 위컴 자신이 말한 것 밖에 없었다는 사실을 깨닫는다. 그동안의 경험으로 보아 위컴의 태도나 말은 모두 매력적이었지만, 실질적인 선함은 본 적이 없다. 게다가 위컴의 말과 행동이 달랐던 점들이 생각나기 시작한다. 다아시에 대해 다시 생각해 보니 매너는 거만해 보이고 억압적이었지만, 무원칙하거나 불공정한 경우는 보지 못했으며, 불경건하거나 부도덕했던 적도 없었다는 것을 깨닫게 된다. 그러므로 위컴은 다아시가 자신에게 불공정하게 성직록을 주지 않았다고 주장했으나 사실일 가능성이 별로 없다는 해석에 도달하게 된다.

여기에서 올바른 해석 혹은 읽기를 가능하게 해주는 것은 이성인데, 이 이성은 합리주의자들이 주장하는 선험적 지식을 가능하게 하는 이성이 아니라, 경험적 증거들을 지적이고 효과적이게 판단하고 평가할 수 있게 하는 이성을 의미한다. 이러한 이성을 통해 올바른 해석에 도달하는 과정에서 엘리자베스는 이제까지 위컴에게 유리하게만 생각해온 모든 정보가 사실은 다아시에게 아무 잘못이 없다는 판단을 가능하게 하는 정보들이라는 사실을 인식 한다 ("capable of a turn which must make [Darcy] entirely blameless"). 이는 주어진 정보를 어떻게 해석하느냐에 따라 정반대의 결론이 나올 수 있다는 사실을 인지하는 것으로 인식론적으로 매우 중요한 깨달음이 아닐 수 없다. 오감을 통해 얻은 정보를 이성을 사용하여 어떻게 해석하느냐에 따라 진실을 알 수도 있고 정반대가 될 수도 있음을 인식하기 때문이다. 이처럼 오스틴은 경험론자의 입장이긴 하지만 흄과 같은 완전한 회의주의는 아니라고 할 수 있다. 이성을 사용하여 감각 경험들을 추론함으로써 진실을 알 수 있다고 보기 때문이다.

엘리자베스가 다아시의 편지를 읽고 진실을 알아내는 데에 나타나듯이 편지 읽기는 이 소설에서 읽기의 가장 중요한 형태로 나타나고 있다. 그러나 그것은 편지 자체를 잘 읽으라는 것만이 아니다. 편지는 그 글을 쓴 사람을 읽어내는 능력을 요구하며, 상황을 유추하는 능력, 또 세상을 읽어내는 능력을 필요로 한다. 나아가 무엇보다 가장 어려운 진실 즉 자기 자신을 읽는 능력으로 연결되고 있다. 그러므로 엘리자베스가 깨닫는 궁극적 진리는 바로 "지금 이 순간까지, 나는 나 자신을 전혀 몰랐다"는 것이다. 한없이 '작은 나'를 인지하는 것은 이 소설이 내포한 인식론적인 관점에서도 성장의 출발점이다.

이 작품에서 읽는 것은 또한 서술하는 것과 연결되어 있다. 읽는 것과 서술하는 것은 정반대인 것 같지만, 서술하는 것은 또 하나의 읽는 것이라고 할 수 있다. 예를 들면, 위컴에 대해서 여러 서술이 있는데 이는 위컴에 대한 각자의 읽기에 근거해 있는 것이다. 위컴 자신이 다아시와의 관계에 대해서 엘리자베스에게 서술을 하는데, 그것은 자신의 상황에 대한 의도적인 왜곡들이 포함된 그의 읽기라고 할 수 있다. 위컴에 대한 이야기 가운데에는 빙리 양의 서술도 있는데 이 또한 사실이 무엇인지 모른 채 다아시에게 유리하게만 해석한 것이었다. 제인이 엘리자베스에게 전해 주는 이야기 또한 빙리의 해석을 듣고 그대로 전하는 것일 뿐이다. 그리고 다아시가 이야기 해주는 위컴에 대한 서술도 있다. 이처럼 여러 서술자가 한 가지 사실 혹은 한 사람에 대해 서술할 때, 각 사람은 자신의 해석을 달아서 이야기하게 되는데, 이런 면에서 서술자는 또 하나의 해석자이며, 서술자의 서술은 또 하나의 읽기인 것이다.

소설은 작가의 서술의 산물이며, 독자는 작가의 서술을 읽으며 해석하는 존재이다. 독자들은 제인 오스틴의 서술자가 서술하는 것과 인물들 사이에 있어서 무엇이 진실인가, 진실을 어떻게 깨달아갈 것인가,

외양과 실제를 어떻게 구분할 수 있을 것인가 하는 문제들이 발생하는 것을 보게 된다. 작품 속에서 독자와 서술자와 인물의 삼자 사이에는 인식론의 문제가 발생하게 되는데, 오스틴은 이 삼자들에게 여러 사실들, 정황들, 증거들을 종합적으로 추론해서 판단하는 이성적인 판단력을 요구하고 있다. 제인 오스틴은 엘리자베스의 교육과 성장을 통해서 엘리자베스뿐 아니라 독자들도 자신을 읽을 수 있고 세상을 읽을 수 있고 진리를 알 수 있는 능력을 키우며 인식론적으로 성장해 갈 수 있기를 바라고 있다.

참고문헌

Bonaparte, Felicia. "Conjecturing Possibilities: Reading and Misreading Texts in Jane Austen's *Pride and Prejudice*." *Studies in the Novel* 37.2 (Summer 2005): 141-61.

Greenfield, Susan C. "The Absent-Minded Heroine: Or, Elizabeth Bennet Has a Thought." *Eighteenth-Century Studies* 39.3 (Spring 2006): 337-350.

Hume, David. "Of the Standard of Taste." *Essays: Moral, Political, and Literary*. 1757. Ed. Eugene F. Miller. Indianapolis, IN: Liberty Fund, 1985. 226-49.

Kearney, J. A. "Jane Austen and the Reason-Feeling Debate." *Theoria* 75 (1990): 107-22.

Morgan, Susan. *In the Meantime: Character and Perception in Jane Austen's Fiction*. Chicago, IL: University of Chicago Press, 1980.

Searle, Alison. "The Moral Imagination: Biblical Imperatives, Narrative and Hermeneutics in *Pride and Prejudice*." *Renascence* 59.1 (Fall 2006): 17-32.

JANE AUSTEN

Pride and Prejudice

VII. 참고문헌

VII. 참고문헌

Bonaparte, Felicia. "Conjecturing Possibilities: Reading and Misreading Texts in Jane Austen's *Pride and Prejudice*." *Studies in the Novel* 37.2 (Summer 2005): 141-161.

다아시의 편지는 엘리자베스가 진실이 무엇인지 판단해야 하는 텍스트이다. 텍스트 읽기는 진리는 있는가, 진리는 알 수 있는가, 어떻게 알 수 있는가 하는 인식론적인 질문들과 연결되어 있음을 분석한다.

Butler, Marilyn. *Jane Austen and the War of Ideas*. Oxford: Clarendon Press, 1975.

오스틴의 소설이 당시 급진적이고 혁명적인 사상을 표현하던 소설들보다 사회에 대해 덜 비판적이었다고 주장하고, 오스틴의 소설이 Edmund Burke를 따라 전통적이고 보수적임을 분석한다.

Duckworth, Alistair M. *The Improvement of the Estate: A Study of Jane Austen's Novels*. Baltimore and London: the Johns Hopkins University Press, 1971.

오스틴의 소설이 거짓 개량주의사나 물질주의자로 인한 위협을 드러내고, 종교적 원칙, 도덕, 예의범절이 상호간에 도움을 주는 관계 속에 존재하는 가치있는 전통적 사회적 유산을 전달하려고 하였다고 해석한다.

Figes, Eva. *Sex and Subterfuge: Women Novelists to 1850*. London: The MacMillan Press, 1982.

제6장 "The Supremacy of Sense"에서 저자는 오스틴이 당시의 다른 작가들과는 달리 감수성(sensibility)을 어리석고 이기적인 것이라고 비판하고 지각력(sense)의 중요성을 강조하였음을 분석하였다.

Fullbrook, Kate. "Jane Austen and the Comic Negative." In *Women Reading Women's Writing*. Ed. Sue Roe. Brighton: Harvester Press, 1987. 39-57.

오스틴의 가장 뛰어난 예술은 그녀의 강렬하고 전복적인 위트와 유머라고 주장하며, 오스틴이 희극적 부정의 목소리를 통해 말하고 있기 때문에 웃음과 함께 사회 비판을 하는데 성공하였다고 해석한다.

Gilbert, Sandra M. and Gubar, Susan. *The Madwoman in the Attic: The Woman Writer and the Nineteenth-Century Literary Imagination.* New Haven and London: Yale University Press, 1979.

19세기 여성작가들이 사회가 요구하는 것과 자신이 하고 싶은 말 사이에 괴리가 컸기 때문에, 팰림세스트와 같은 텍스트를 생산했다고 주장하면서, 제인 오스틴을 "이중적인 여성 언어"를 효과적으로 구사하였다고 평가한다.

Kennard, Jean E. *Victims of Convention.* Hamden, Connecticut: Archon Books, 1978.

제인 오스틴이 "두 구혼자 관례"를 어떻게 소설의 핵심적 관례로 만들었는지를 분석하고, "두 구혼자 관례"가 문학적 관례로서 다른 작가들에게서 어떻게 작동하고 있는지를 보여준다.

Kirkham, Margaret. *Jane Austen: Feminism and Fiction.* New Jersey: Barnes & Noble, 1983.

오스틴의 주제가 18세기말 여성주의 논쟁의 문맥 안에서 계몽주의 페미니즘의 핵심을 다루고 있음을 분석하며, 오스틴이 다루는 도덕성의 문제와 여성의 지위에 관한 관점이 당시의 역사적 흐름과 맥을 같이하고 있다고 평가한다.

Leavis, F. R. *The Great Tradition: George Eliot, Henry James, Joseph Conrad.* New York, NY: New York University Press, 1948.

영국소설의 위대한 전통을 세워 간 작가로 조지 엘리엇, 헨리 제임스, 조셉 콘래드를 꼽으며, 이들에 앞서 제인 오스틴을 "소설의 위대한 전통의 창시자"라고 명명한다.

MacPherson, Sandra. "Rent to Own: or, What's Entailed in *Pride and Prejudice*." *Representations* 82 (2003 Spring): 1-23.

한사상속의 역사를 소개하며 영국의 재산 상속 제도에 새겨져 있는 힘과 의무라는 모순적 개념에 대하여 논의하면서 오스틴이 한사상속에 관한 역사와 모순을 정확히 파악하고 있었음을 분석하였다.

Poovey, Mary. *The Proper Lady and the Woman Writer: Ideology as Style in the Works of Mary Wollstonecraft, Mary Shelley, and Jane Austen.* Chicago, IL: The University of Chicago Press, 1984.

오스틴을 부르주아 이데올로기의 역사에 있어서 핵심적인 시점에 살았던 작가로 평가하고, 오스틴이 이 시기의 복잡한 이데올로기적 갈등을 아이러니와 서술기법을 기술적으로 사용함으로써 예술적 차원에서 "해결"했다고 주장한다.

Ruderman, Anne Crippen. *The Pleasures of Virtue: Political Thought in the Novels of Jane Austen*. Lanham, Maryland: Rowman & Littlefield, 1995.

오스틴은 급진적인 개인주의를 반대하고, 개인의 행복을 중요시하되 도덕성을 강조하였다. 그러므로 미덕을 강조했지만 또한 미덕과 행복이 서로 연결될 수 있고 연결되어야 한다고 주장했음을 논의하였다.

Searle, Alison. "The Moral Imagination: Biblical Imperatives, Narrative and Hermeneutics in *Pride and Prejudice*." Renascence 59.1 (Fall 2006): 17-32.

오스틴의 삼인칭 전지적 화자 수법이 자유간접화법을 많이 사용하면서도 성경의 서술법과 유사하게 도덕적 관점을 제시하는 방법을 사용하고 있으며, 또한 성경적인 도덕적 비전을 제시하고 있음을 분석하고 있다.

Todd, Janet. *The Cambridge Introduction to Jane Austen*. Cambridge, UK: Cambridge University Press, 2006.

오스틴의 생애와 시대적 배경을 설명하고 오스틴의 여섯 작품에 대한 개괄적 소개를 하고 있으며 제5장에서 『오만과 편견』을 다루고 있다.

Thompson, James. *Between Self and World: The Novels of Jane Austen*. University Park and London: The Pennsylvania State University Press, 1988.

오스틴이 결혼을 위해 애쓰는 여성의 문제를 노동계층의 문제와 같은 것으로 보고 결혼이라는 제도의 문제점을 지적했지만, 동시에 결혼을 물질적 세상으로부터의 피난처로 제시하는 이데올로기적 모순을 보여주었음을 맑스주의 관점에서 분석하였다.

Wallace, Tara Ghoshal. *Jane Austen and Narrative Authority*. London: The MacMillan Press, 1995.

오스틴의 소설들이 작가성과 서술자의 권위에 대한 불안을 내포하고 있는데, 이 불안감은 특히 겸손한 여성이면서 동시에 권위있는 작가

여야 한다는 여성작가가 안고 있는 이중성과 관련되어 있음을 분석하고 있다.

Watt, Ian. *The Rise of the Novel: Studies in Defoe, Richardson and Fielding.* London: Chatto & Windus, 1957.

제인 오스틴을, 18세기 소설 발생기의 대표적인 두 작가 리차드슨과 필딩의 장점을 계승하고 단점을 극복하여 형식적 사실주의 전통을 계승 발전시킴으로써 19세기 소설의 전성기를 가능하게 한 작가로 평가한다.

Woolf, Virginia. *A Room of One's Own.* London: Harcourt Brace Jovanovich, 1957.

여성과 소설에 대해 분석한 이 글에서 버지니아 울프는 제인 오스틴이 다른 여성작가들과는 달리 여성으로서 품은 분노를 초월하여 글을 썼다고 해석하면서 셰익스피어에 버금가는 작가로 높이 평가한다.

오정화

이화여자대학교 영어영문학과를 졸업하고, 미국 위스콘신대학교에서 석사학위를, 코넬대학교에서 박사학위를 받았다. 현재 이화여대 영어영문학과 교수로 재직 중이며 이화인문과학원장 탈경계인문학연구단장으로 활동하고 있고, 한국근대영미소설학회장을 역임하고 있다.

편저로 『영어영문학연구 50년』, 『이민자 문화를 통해 본 한국 문화』, 저서로 『19세기 영국소설 강의』(공저), 『영미여성소설의 이해: 제인 오스틴에서 앨리스 워커까지』(공저) 등이 있으며, 역서로 『여성과 일상생활: 사랑, 결혼, 그리고 페미니즘』 등이 있다.

영미소설 해설총서 7 오만과 편견

한없이 '작은 나'의 성장서사

1판 1쇄 찍음 • 2010년 7월 20일
1판 1쇄 펴냄 • 2010년 7월 30일

지은이 • 오 정 화
발행인 • 정 현 걸
발 행 • 신 아 사
인 쇄 • 예지인쇄

출판등록 • 1956년 1월 5일 (제9-52호)
서울특별시 은평구 녹번동 28-36 2F
전화 02.382.6411 • 팩스 02.382.6401
홈페이지 • www.shinasa.co.kr
이메일 • shinasa@chol.com

ISBN 978-89-8396-705-3 (94840)
정가 **10,000** 원

이 저서는 2007년 정부(교육과학기술부)의 재원으로 한국연구재단의 지원을 받아 수행된 연구입니다 (KRF-2007-361-AL0015).